한국과
일본은
왜?

반일과 혐한의 평행선에서,
일본인 서울 특파원의
한일관계 리포트

한국과
일본은
왜?

사와다 가쓰미 지음
정태섭 옮김

책과
함께

일러두기

- 이 책은 사와다 가쓰미(澤田克己)의 《反日韓国という幻想—誤解だらけの日韓関係》(毎日新聞出版, 2020)를 완역한 것이다.
- 본문에서도 주요하게 다루어지듯, 한국과 일본 사회에서 쓰이는 같은 한자어 표현이 실제로는 각기 다른 뉘앙스로 받아들여지는 등, 원문을 액면 그대로 우리말로 옮기다 보면 오히려 저자의 의도가 잘못 전달될 수 있다. 그래서 저자는 한국어판을 만드는 과정에서 적극 참여해, 한국 독자에게는 상식인 배경 설명 등은 덜어내고 반대로 이해하기 어려운 부분에는 적절한 설명을 덧붙이는 등 많은 부분을 보완하고 다듬었다. 즉 이 책에서 원서(일본어판)와 다른 부분이 있다면 그것은 모두 저자의 의도에 따른 것이다.
- 직접 인용한 말이나 글에서 경어체는 모두 평어체로 바꾸었다.
- 본문에서 출처로 밝힌 일본 단행본 중 한국어판으로 출간된 경우에는 한국어판 제목을 표기하고, 그 외에는 원서명을 우리말로 옮겨 표기했다.
- 2차 세계대전 때 일본군이 설치한 '위안소'와 그에 동원된 여성들을 칭하던 '위안부'에는 모두 역사적 용어로서 따옴표를 붙여 구별했다. 다만 당시의 기록에서 직접 인용한 경우 등에는 따옴표를 붙이지 않았다.

일본에서도 코로나19 감염 확대로 사회적 거리두기가 요구되었다. 재택근무가 늘고 학교와 음식점, 극장 들이 문을 닫았다. 사람들이 집에 있어야 하는 상황에서 큰 화제가 된 것이 한국 드라마 〈사랑의 불시착〉이었다. 2020년 2월부터 넷플릭스를 통해 송출된 〈사랑의 불시착〉은 일본에서 6개월 이상 '오늘의 TOP 10' 최상위권을 차지하고 있다. 나도 세리와 정혁을 보기 위해 넷플릭스에 가입한 사람 가운데 하나다.

이 드라마 제2화에 재미있는 장면이 있었다. 정혁이 세리에게 남쪽으로 돌아가도 북쪽에서 있었던 일을 말하지 말라는 장면이다. 세리가 "돌아가는 즉시 아주 그냥 기억상실증 걸릴 예정"이라고 하자, 한국 드라마에 빠진 북한군 병사 주먹이 "그거는 저 동무 말이 맞습니다. 남조선 드라마를 보믄 열에 아홉은 기억상실증 환잡니다. 기거이 자본주의 사회에서는 흔한 병이디요"라고 하는 것이다.

드라마를 통해서 얻은 지식밖에 없는 주먹이 남쪽에서는 기억상실이 흔한 병이라고 믿어버렸다는 우스갯소리다. 물론 기억상실증 환자가 거리에 넘쳐나는 한국 사회라는 건 환상에 불과하다. 실제로는 북한 사람이라고 해서 기억상실이 남한 사회에서 흔한 병이라고 생각하지는 않겠지만, 한정된 정보에 근거해서 다른 문화를 이해하려다 보면 착각과 오해가 생길 수 있음은 분명하다.

한국과 일본 사이에서도 같은 일이 벌어지고 있다. 서로 자신의 머릿속에 그려진 이미지를 바탕으로 반발하고 있는 것이다. 그 이미지는 현실과 동떨어져 있거나 초점이 흐려져 있는 경우가 많다. 서로 도수가 맞지 않는 안경을 쓰고 대면하는 것과 같다.

일본에서는 자기가 아는 한국의 이미지에 근거해 혐한적인 말을 하는 사람이 적지 않다. 1970년대나 1980년대에 한국 주재원을 지냈거나 한국을 상대로 일한 경험을 가지고 한국을 안다고 믿는 사람조차 있다. 한국어를 할 줄 모르고 한국에 관한 지식을 업데이트하려는 노력도 하지 않으면서 말이다. 그런 사람들이 자기가 가진 한국 이미지와 맞지 않는 최근의 한국에 대해 화를 낸다. 30년 전, 40년 전의 경험과 기억을 가지고 21세기 대한민국을 논한다는 것이 얼마나 어리석은 일인지는 한국 독자들에게 설명할 필요도 없겠지만 정말로 일본에서 있는 일이다. 그런데 한국 사람들이 '일본'을 말할 때에도 비슷한 현상을 볼 수 있다.

우리는 사실을 냉정하게 봐야 한다. 한국 사회는 민주화와 냉전의 종식으로 크게 변하기 시작했고 IMF 위기를 극복하는 과정에서 더욱 크게 변화했다. 한국 경제는 세계 10위권으로 성장했고 국제 사회에서 대한민국의 위상은 크게 높아졌다. 한국 사회는 2010년 G20 서울 정상회의를 계기로 그 점을 분명히 인식하게 되었고, 2020년 코로나19 사태에 훌륭하게 대처하면서 선진국 대열에 합류했음을 증명해 보였다.

그동안의 변화는 물질적·양적인 것이기도 하지만 더 큰 의미를 지닌 것은 정신적·질적인 변화였다. 국력을 향상시

킨 한국에서는 동시에 민주화 이전의 역사를 다시 바라보고
자 하는 움직임이 거셌다. 그 출발점이 김영삼 정부의 역사
바로 세우기였고, 그것이 일본과의 관계에 긴장을 불러왔
다. 친일파에 대한 책임 추궁이 현재의 일본에 적의를 표출
하는 것으로 받아들여졌기 때문이다. 같은 한자 문화권에
속하기 때문에 생기는 어려움인데, '친일파 청산'이라는 말
의 울림은 일본인에게 한국 사람들이 느끼는 것과는 다른
강렬한 인상을 준다. 한국 사람들은 역사를 생각하라고 말
하고 싶겠지만 어쨌든 그것이 현실이다.

　냉전 종식 이후 한국에서 일어난 일이 특이하다고 할 수
는 없다. 1980년대까지 한국을 서방진영의 최전선이라는
갑갑한 위치에 몰아넣었던 세계질서는 냉전이 끝나면서
크게 변했다. 그에 따라 한국과 마찬가지로 냉전의 논리에
짓눌려 있던 여러 국가나 지역에서 민족의 역사와 주체성
을 되찾으려는 의식이 강해지게 되었다.

　한국과 일본의 관계는 냉전 종식 후 30년 동안 크게 달
라졌다. 강한 국력을 가진 일본이 안보상의 필요성 때문에
한국을 배려해왔던 관계에서, 거의 동등한 힘을 가진 이웃
나라 관계로 변화한 것이다. 하지만 사람들의 의식이 새로

운 현실에 적응하는 데는 시간이 걸린다. 그것이 한일관계에 유례없는 갈등을 초래한 근본 요인이라고 할 수 있다.

일본에는 한국을 두고 '우리보다 한 수 아래'라고 생각해온 사람들이 있다. 그들 입장에서 지난 30년은 한국 때문에 급속도로 쫓겨 다닌 30년이었다. 거품경제 붕괴 이후 국제 사회에서 일본의 상대적 지위가 낮아진 상황과 맞물려 한국을 바라보는 시선은 복잡해졌다. 냉전 시대 역학관계를 모르는 젊은 세대는 한국을 대등한 상대로 자연스럽게 받아들이지만, 냉전 시대의 기억이 남아 있는 세대는 한국의 대두를 인정하지 않을 수 없다고 이해하면서도 그것을 부정하고 싶어 하는 마음을 안고 있다.

이런 한일관계를 상징하는 것이 강제징용 문제를 둘러싼 갈등이다. 강제징용 피해자에 대한 배상을 일본 기업들에 명령한 한국 대법원 판결은 한일 청구권협정이라는 기존 질서에 대한 도전이다. 한국에서는 그것이 역사 바로 세우기의 연장선상에서 자연스럽게 나온 것이며 한일관계를 바로잡는 당위성을 갖는 일이겠지만, 일본의 주류사회에서는 그러한 시각을 찾아보기 어렵다. 아니, 이해할 수 없다고 하는 편이 정답일 것이다.

아베 신조 총리가 사임한다고 해서 일본 주류사회의 인식이 바뀌는 것은 아니다. 보수나 진보 같은 정치성향과는 무관하게 일본 주류사회에는 기존 질서를 일단 유지해야 한다는 사회적 합의가 있다. 변혁을 부정하는 것은 아니지만, 단계적으로 수순을 밟을 필요가 있다고 생각하는 일본 주류사회에서 이 문제에 관한 한국의 주장을 이해하기란 쉽지 않다.

나는 대학 3학년인 1988년 여름방학 때 배낭여행으로 처음 한국을 찾았다. 3주간 홀로 여행하면서 일본과 비슷하면서도 다른 한국이라는 나라에 관심을 갖게 되었고, 4학년이 되었을 때 휴학하고 서울에서 한국어를 배웠다. 그리고 1999년 가을부터 4년 반, 2011년 봄부터 4년 등 두 차례에 걸쳐 《마이니치신문》의 서울 특파원이 되었다.

공교롭게도 내가 한국과 인연을 맺은 이 30여 년은 한일관계가 큰 전환점을 맞이한 시기와 겹쳐 있다. 그리고 각각 몇 년의 공백 기간을 두고 세 번의 서울생활을 겪다 보니 이곳에서 계속 살고 있는 사람들보다 한국 사회의 변화를 더 잘 감지할 수 있었던 것 같다. 서울로 돌아와서 살기 시작할 때마다 마치 다른 나라에 온 것 같아서 놀랐다. 특히 놀란 것은 한국 사람들의 의식 변화였다.

한일관계를 정상궤도로 되돌리는 일이 쉽진 않겠지만 피할 수도 없다. 상대방의 실상을 제대로 인식하는 것은 그를 위한 최소한의 조건이다. 일본의 신문기자인 내가 할 수 있는 일은 21세기 한국 사회의 실상을 일본 독자들에게 전하는 것이다. 그런 생각에서 냉전 이후 한국 사회의 변화에 초점을 맞춘 책을 2006년부터 계속 써왔다. 이 책은 그런 관점에서 쓴 네 번째 책이다.

집필할 때 상정한 독자는 혐한 시위 같은 헤이트스피치(혐오발언)는 절대 용납할 수 없다고 생각하면서도 한국의 대일(對日) 자세를 이해하기 어렵다고 생각하는 사람, 즉 자신이 혐한파와는 다르다고 생각하면서도 한국에 대해서 불편한 심정은 갖고 있는 일본 사람들이다. 그런 사람들이 현재 일본 사회에서 다수일 것이다. 그들에게 일본과는 다른 한국의 논리와 실상을 알리고 생각할 재료를 제공하고자 했다. 한국 논리를 일본 사람들이 받아들여야 하는 것은 아니지만 일단 아는 것이 중요하다고 본다. 다양한 의견을 존중하고 이해하려는 것은 우리 사회 자체를 살기 좋게 만들기 때문이다.

이 책은 또한 5장에서 한국을 보는 일본 사회 내부의 차이를 알아보았다. 일본에서는 2016년경부터 젊은 층을 중심으로 한 3차 한류 열풍이 불고 있지만, 50~60대는 열풍의 존재 자체를 잘 모른다. 보면서도 인정하지 않는다거나 멸시하는 것이 아니라 정말로 모른다. 나 자신부터 3차 한류 열풍이라는 말은 알고 있었지만 실감이 나진 않았다. 내가 왜 그러는지, 스스로도 이상하게 생각해온 것이었다.

이 책이 한국어로 번역되어 한국 독자들에게도 전달된다는 것은 저자로서 매우 기쁜 일이다. 한국 독자들에게 이 책이 가질 수 있는 의미라면 한국 내 진영논리와 무관한 외국인의 한국 사회 관찰이라는 점이 아닐까. 나와 한국의 인연은 이미 30년이 넘었지만 그래도 20세까지 한국과 전혀 상관없는 삶을 살아온 나의 시선은 당사자인 한국인과는 다르지 않을 수 없다. 한국 독자들이 그러한 시점에 신선함을 느껴준다면 정말로 다행이겠다.

2020년 10월
사와다 가쓰미

| 차례 |

한국어판 서문 _ 5

프롤로그 서울 '일본대사관 앞' '위안부' 소녀상은
무엇을 바라보고 있는가 _ 17

참고 한국 근현대사와 일본 _ 27

1장 문재인 정권은 반일인가

《반일 종족주의》가 베스트셀러가 된 이유 _ 35

《반일 종족주의》가 말하지 않은 것 _ 40

국방예산을 확대하는 문재인 정권 _ 44

북한 정세에 따른 한국의 자세 변화 _ 48

'자주'와 '주체'를 향한 집착 _ 53

문재인의 한국은 '완전히 새로운 나라' _ 57

'올바름'을 중시하는 한국의 정치문화 _ 63

조국 스캔들은 왜 일어났는가 _ 67

2장 서로의 생각을 안다고 착각하는 한국과 일본

일본제품 불매운동 _ 75

'백색국가 제외', 한국은 이렇게 해석했다 _ 79

'NO 아베라면 이성적인 대응'이라는 착각 _ 84

사실은 관심이 낮은 '위안부' 문제 _ 90

과대평가된 반일 '위안부' 단체 _ 95

3장 강해진 한국이 내민 도전장

강제징용 판결의 충격 _ 107

역사인식은 외교적 논의 사항이 아니었다 _ 113

'1965년 체제'에 도전하는 한국 _ 120

한일의 국력이 마침내 대등해졌다 _ 123

한국에서 보는 '냉전 이후의 세계' _ 127

왜 한국은 '올바름'을 중시하는가 _ 133

4장 일본이 보는 한국의 통일관

통일의 꿈은 이루어질 것인가 _ 141

'김칫국 마시기' 계산법에 춤추는 청와대 _ 147

통일에 대한 한국인의 속마음 _ 150

'잃어버린 20년'의 예감에 떠는 한국 _ 154

짐 로저스의 예측을 극찬하는 이유 _ 160

5장 한국이 좋다는 청년과 싫다는 중장년 남성

일본 중고생은 왜 한국을 좋아하는가 _ 167

세계에서 한류가 히트하는 이유 _ 170

한국을 선망하는 일본 청년들 _ 174

3차 한류 붐의 실체 _ 177

누가, 왜 한국을 내려다보는가 _ 184

'혐한 넷우익'은 이런 사람들이다 _ 188

왜 '혐중'은 고조되지 않는가 _ 192

6장 한일은 사이좋게 지내야 하는가

아베 총리의 조부가 한일정상화를 서두른 이유 _ 203

일본에게는 한국이 더욱 중요한 나라로 _ 209

한일관계가 좋으면 이득이 있는가 _ 214

한국과 일본의 본질적인 차이 _ 217

에필로그 _ 223

역자 후기 _ 233

참고문헌 _ 235

서울 '일본대사관 앞' '위안부' 소녀상은 무엇을 바라보고 있는가

"일본은 부당한 경제제재를 철회하라."

"일본은 진심으로 사죄하고 반성하라."

2019년 8월 14일 정오 무렵, '위안부'를 상징하는 소녀상이 세워져 있는 서울의 '일본대사관 앞'에서 일본을 비판하는 커다란 함성이 울려 퍼졌다. 그러나 집회를 지켜보던 나는 무언가 공허한 느낌이 들었다.

열기가 없었던 것은 아니다. 참가자는 대강 1500명 정도 될 것 같았다. 아베 신조 총리를 비판하는 의미로 'NO 아베' 티셔츠를 입은 사람들의 모습도 눈에 띈다. 이날은 한국에서 국가기념일로 지정된 이래 두 해째를 맞는 '위안부 기림의 날'이며, 매주 수요일에 열리는 '수요집회'가 1400회째인 날이기도 했다. 더욱이 그해 7월에 일본 정부의 한국에 대한 수출규제 강화가 발표되어 그에 대한 반발로 일본을 비판하는 목소리에 힘이 들어가 있었다. 평소 수요집회는 수십 명 규모인 데 비해 이날은 학생들이 참가하기 쉬운 여름방학인 데다 몇 가지 요인이 겹쳐 참가자 수가 대폭 증가한 것이다.

여기서 아무리 목소리를 높여도 아베 총리 귀에 들어갈 리는 없다. 하지만 내가 공허하다고 느낀 것은 그런 이유가 아니었다. 집회 참가자들이 규탄하는 '일본'이 '안 보인다'는 것에 위화감을 느꼈기 때문이다. 이것이 '반일시위'라면 일본에 대한 분노의 표적이 되는 물리적인 대상이 꼭 필요할 것이다. '일본을 대표하는 그 무엇' 앞에서 시위를 할 필요가 있는데, 그런 것은 거기에 없었다.

단상에 올라간 정치인이나 운동가가 일본을 비판하는 구호를 외치면 참가자가 큰 소리로 따라 외친다. 이 구호는 원래 일본을 대외적으로 대표하는 대사관을 향해 발신되는 것이었다. '일본군성노예제문제 해결을 위한 정의기억연대(정의연. 구 한국정신대문제대책협의회, 정대협)'는 그 일을 위해 1992년부터 일본대사관 앞에서 수요집회를 거듭했고, 일본대사관 앞에 소녀상 설치를 강행했다.

그러나 이제 일본대사관은 거기 없다. 재건축을 위해 4년 전에 철거되어 바로 뒤편의 빌딩으로 이사했기 때문이다. 2020년에는 지상 6층 지하 3층 규모의 새 대사관이 완공될 예정이었다. 하지만 실제로는 착공조차 못한 채 시간이 흘러, 일본 정부가 종로구로부터 취득한 건축허가는 유효기간이 지났다. 지금 소녀상이 마주하고 있는 곳에는 높은 공사용 펜스로 둘러싸인 공터밖에 없다. 대사관이 들어선 빌딩은 그 공터의 뒤편이기 때문에 소녀상의 시야 저 멀리에 일본대사관이 있다고 할 수도 있지만 빌딩의 입구는 반대편이다. 소녀상과의 위치관계로 보면 일본대사관이 등을 보이고 있는 셈이다. 게다가 대사관이 들어선 곳은 빌딩의 8층부터 11층까지로, 오히려 일본대사관이 소녀상을 내려다보는 형국이다.

일본 정부는 이 공터에 대사관을 건설하겠다고 거듭 밝히고 있지만 실제로는 방치하고 있다. 소녀상이 걸림돌이 되고 있음은 공공연한 비밀로, 가까운 시일 안에 대사관이 이 땅으로 되돌아올 것이라고 생각하는 관계자는 없다.

소녀상이 모습을 감추는 것은 상상하기 어렵기 때문이다. 주한대사관에 근무한 경험이 있는 일본 외교관으로부터 "미국대사관이 용산기지 터로 간다고 하니 그 옆에 지으면 된다. 미일동맹 아니냐"라는 농담마저 들었다.

그렇다면 언제까지 '일본대사관 앞'이라고 불러야 하는가 하는 의문이 생긴다. '일본대사관 앞에 세웠다'는 행위에는 큰 의미가 있지만 이미 거기에 일본대사관은 존재하지 않는다.

앞에서 '일본대사관 앞'이라고 강조 표기한 것은 이런 이유다. 《마이니치신문》에서는 소녀상의 위치를 '일본대사관 터 앞'이라고 표기하게 되었고, 한국 언론도 언제부터인가 '옛 일본대사관 앞'이라고 부르고 있다.

현 시점에서 한일관계 악화의 최대 요인을 들자면 강제징용 피해자들의 소송일 것이다. 한국 대법원은 2018년 10월, 일본 기업에 배상을 명령하는 판결을 확정했다. 이에 대해 일본은 현재 한일관계의 법적 토대인 1965년의 한일기본조약과 청구권협정에 반한다고 반발했다.

판결은 한국 정부의 종래 입장과도 다르다. 한국 정부는 노무현 정권 때인 2005년에 청구권협정이 미치는 범위를 재검토해 '위안부' 문제 등은 해결되지 않았다고 규정하는 한편, 청구권협정으로 일본으로부터 받은 자금에는 "강제동원 피해 보상 문제 해결 성격의 자금 등이 포괄적으로 감안되어 있다고 보아야" 한다고 정리했다. 당시 청와대 민정수석이었던 문재인 대통령도 참여한 위원회에서 검토한 결과다.

2018년의 대법원 판결은 이 점을 은근슬쩍 벗어나려 한 것으로 여겨진다. 대법원은 원고의 요구에 대해, "일본 정부의 한반도에 대한 불법적인 식민지배와 침략전쟁의 수행에 직결된 일본 기업의 반인도적 행위"에 대한 위자료이지, "미지불 임금이나 보상을 요구하는 것은 아니"라고 판시했다. 한국 정부가 2005년에 해결되었다고 정리한 '미지불 임금 등'이 아니라 '불법적인 식민지배에 대한 위자료'라는 것이다.

병합조약이 당시에는 합법이었던 것인가, 그렇지 않으면 당초부터 불법이었던 것인가라는 문제는 한일 국교정상화 교섭에서 최대의 대척점이었다. 14년간의 교섭으로도 타결하지 못해서 '이미 무효'라는 애매모호한 표현으로 마무리한 것인데 한국 대법원은 그 어려운 문제를 갑자기 다시 꺼낸 것이다.

　문재인 정권은 "사법부의 판단을 존중하지 않을 수 없다"고 하면서 실질적으로는 이 문제를 방치했다. 참다 못한 아베 정권은 2019년 7월, 안보와 관련된 수출관리의 우대 대상이 되는 '백색국가'(나중에 '그룹 A'로 개칭)에서 한국을 제외하는 등의 수출규제 강화를 발표했다. "통상 문제를 지렛대로 삼아 역사 문제에서 양보를 요구하는 압박"이라고 반발한 문재인 정권이 이번에는 한일 군사정보포괄보호협정(GSOMIA, 일명 지소미아) 종료를 결정했다. 실효 직전에 한국이 종료를 조건부로 유예하면서 지소미아는 유지되었지만, 한일관계가 개선된 것은 아니었다.

　그러는 동안 한국에 대한 일본 사람들의 감정은 악화일로를 걸었다. 헤이트스피치나 배외주의에 반대하는 양식 있는 사람들 사이에서조차 한국에 대한 감정은 결코 양호하다고 할 수 없다.

　한편, '방탄소년단(BTS)'으로 대표되는 한류 붐에 의해 일본의 젊은 사람들 사이에서 한국은 선망의 대상이 되었다. BTS의 인기는 세계적인 것이니까 일본 젊은 세대에게 인기가 있는 것도 당연한 일이겠지만, 중장년층으로부터는 전혀 이해를 얻지 못하고 있다. 한국과 일본의 상호 이해가 약해졌을 뿐만 아니라, 이처럼 일본 국내에서 세대에 따라 한국을 보는 시각도 달라졌다. 어찌하여 이렇게 된 걸까.

이 책은 많은 일본인에게 이해되지 않는 점을 설명하고, 한일관계를 둘러싼 의문에 답하고자 한다.

현재의 한일관계를 묘사하는 적절한 표현은, 냉전 종결 후의 구조적 변화에 의한 '삐걱거림'일 것이다. 한일기본조약에 입각한 '1965년 체제'는 미국을 중심으로 하는 냉전 하의 유사 동맹이었다. 그러나 냉전이 끝나고 한국은 선진국이 되었다. 스스로의 국력 신장을 자각한 한국이 새로운 국제질서를 지향하며 움직이고 있다. 이것이 기본적인 구도다.

한일관계는 다음 무대를 모색하는 단계에 진입한 것이기에 쉽게 안정되지는 못할 것이다. 그래도 충돌만 계속할 수는 없으니 대증요법적인 처치라도 하면서 시간을 벌 수밖에 없지 않겠는가. 이 점을 양국이 자각하고 제대로 된 의사소통을 계속해나가는 것이 중요한데, 그것이 잘 안 되고 있다.

뒤틀릴 대로 뒤틀린 한일관계를 상징하는 것이 '일본대

사관 앞 소녀상'이다. 그 소녀상은 실은 서울의 일본대사관이 철거되고 둘러쳐진 공사용 펜스와 마주한 채 허공을 응시하고 있다. 그 모습은 무언가 서로 맞물리지 않는 한일관계를 상징하는 듯 보인다.

일본대사관이 철거된 뒤 부지를 둘러싼 공사용 펜스와 마주하고 있는 소녀상. 일본 대사관은 왼쪽 안쪽의 건물로 이전했고, 건물의 출입구는 반대편에 있다. (2019년 10월 19일 저자 촬영)

한국 근현대사와 일본

1. 청일전쟁, 러일전쟁을 거쳐 병합으로 (1894-1945)

한반도에서 권익을 다투던 청 및 러시아와의 전쟁에서 승리한 일본이 미국의 필리핀 지배와 일본의 조선 지배를 서로 인정하는 협정을 미국과 체결(가쓰라-태프트 협정, 1905)했다. 1910년 한일병합조약으로 조선을 식민지화했다. '병합'이라고 하면서도 조선에 대일본제국헌법은 적용되지 않았고, 제국의회의 참정권도 주어지지 않았다.

2. 해방부터 이승만 정권까지 (1945-1960)

일본의 패전으로 식민지배로부터 해방된 조선은 38도선

이남은 미국에 이북은 소련에 분할 점령당했고, 남쪽과 북쪽에 따로 국가가 성립했다. 한국에서는 독립운동가 출신인 이승만이 초대 대통령이 되었는데 1960년 부정선거를 계기로 일어난 4·19혁명으로 실각했다.

3. 쿠데타로 박정희 정권 성립 (1961-1979)

1961년 쿠데타로 권력을 장악한 박정희는 난항하던 일본과의 국교정상화 교섭을 매듭짓고, 1965년에 한일기본조약을 체결했다. 일본으로부터 받은 경제협력자금 등을 기반으로 '한강의 기적'이라 불리는 고도성장을 실현시켰다. 이는 민주화운동을 강권으로 압살하는 개발독재 노선이기도 했다. 1972년의 헌법 개정으로 독재체제를 강화했지만 1979년 측근에게 살해당했다.

4. 박정희 암살부터 전두환 정권까지 (1979-1987)

박정희 암살 후에 군부 내 쿠데타로 실권을 장악한 전두환은 한미일 안보협력을 추진해 1984년 한국 대통령으로는 처음으로 일본을 방문했다. 내정에서는 민주화보다 경제개발을 우선하는 박정희의 자세를 답습했지만, 냉전체제의 이완 속에서 힘을 얻은 민주화운동을 억누르지 못하고 1987년에 민주화를 받아들였다.

5. 민주화부터 노태우 정권까지 (1987–1993)

부활한 대통령 직접선거에서 민주화 투사였던 김영삼과 김대중이 후보 단일화를 이루지 못하자, 전두환의 맹우인 노태우가 어부지리로 승리했다. 일본 천황은 1990년 일본을 방문한 노태우에게 불행한 역사에 대한 "통석(痛惜)의 염(念)"을 표명했다. 김영삼은 1990년 보수여당과의 합병을 단행, 노태우의 후계자가 되었다.

6. 32년 만의 문민 출신 김영삼 정권 (1993–1998)

김영삼은 '32년 만의 문민대통령'임을 강조했다. '역사 바로 세우기'를 정권의 슬로건으로 하고, 구 조선총독부 청사 철거 등을 추진했다. 1996년 OECD 가입을 이루어냈지만, 1997년 말 'IMF 위기'라 불리는 통화위기에 빠졌다.

7. 대북 햇볕정책의 김대중 정권 (1998–2003)

북한과의 대화를 기조로 하는 '햇볕정책'을 천명한 김대중은 2000년에 북한과의 첫 정상회담을 실현시켰다. 1998년에 오부치 게이조(小淵惠三) 총리와 미래 지향적인 한일관계를 위한 공동선언을 발표했다. 교과서 문제나 야스쿠니문제 같은 마찰도 있었지만 일본의 대중문화 개방을 추진했다. 2002년 월드컵 대회를 한일이 공동으로 개최했다.

8. 386세대가 두각을 드러낸 노무현 정권 (2003-2008)

김대중의 뒤를 잇는 진보 정권으로서 노무현은 북한과의 대화 노선을 추구했지만, 특히 임기 후반에 미일 양국과의 관계 악화로 고생했다. 30대로서 1980년대에 학생운동을 한 1960년대생이라는 '386세대'가 존재감을 더해, 정권에 들어가는 사람도 많았다. 이들은 문재인 정권에서 중추를 점하게 되었다.

9. 보수의 반격으로 출범한 이명박 정권 (2008-2013)

'한강의 기적'을 체현했던 경제인 출신인 이명박이 보수로서는 10년 만에 정권을 탈환했다. 일본과 양호한 관계를 쌓고 있었지만 헌법재판소가 2011년에 '위안부' 문제에서 정부의 '부작위(해야 마땅한 일을 하지 않음)'를 위헌이라고 결정 내린 것을 계기로 일본과의 대립이 눈에 띄게 되었다. 이듬해인 2012년 독도 방문 등으로 한일관계는 급속도로 악화되었다.

10. 아버지의 그림자를 뒤따른 박근혜 정권 (2013-2017)

'박정희의 딸'로 인기를 끌었던 박근혜는 권위주의적인 자세나 정책수행 스타일 등에서 아버지를 답습했다. 대일관계에서는 '위안부' 문제의 진전을 최우선 과제로 삼고 일본과의 정상회담에 응하지 않았지만, 2015년 전격적인 '위안부' 합의로 해결을 꾀했다. 최순실에게 국정개입을 허용했다는 이유로 2017년 탄핵되었다.

11. 적폐 청산으로 돌진하는 문재인 정권 (2017-)

박근혜를 탄핵으로 내몬 촛불집회를 '혁명'으로 보는 문재인은 보수정권과 연결되는 세력을 '적폐'나 '(식민지배에 협력한) 친일파의 잔재'로 규정하고 청산을 꾀하고 있다. '위안부' 합의에 대한 부정적인 입장과 강제징용 소송 문제 등으로 일본과의 관계는 극도로 악화되었다.

1장

문재인 정권은 반일인가

《반일 종족주의》가 베스트셀러가 된 이유

'일본이 경제전쟁을 선포했다'는 반감이 한국에서 퍼지던 2019년 여름, 문재인 대통령의 측근인 조국은 페이스북에서 일본에 대한 격렬한 비판 글을 연이어 올렸다. 8월 5일에 올린 글은 이영훈 전 서울대 교수 등이 펴낸 책《반일 종족주의》에 대한 비판이었다. 아니 비판 수준이 아니었다. 조국은 "구역질나는 책"이라고 규정하고, 그 책에 동조하는 "일부 정치인과 기자를 '부역·매국 친일파'라는 호칭 외 무엇이라고 불러야 하는지, 나는 알지 못한다"라고 깎아

내렸다.

일본 정부가 수출규제 강화를 발표한 것은 7월 1일. 그 직후에 출간된 《반일 종족주의》는 절호의 타이밍에 나와서 화제가 되었는데, 특히 이 조국의 글로 단번에 주목도가 높아졌다. 구글트렌드에 의하면 '반일 종족주의'라는 단어의 검색수가 가장 많았던 날은 8월 13일. 그 시점의 검색수를 100으로 잡으면 조국이 글을 올린 8월 5일의 검색수는 15였다. 그러나 이튿날인 6일에 92로 급상승한 뒤, 증감을 되풀이하면서 8월 하순까지 그 파도가 계속되었다. 한국의 검색시장에서 구글이 차지하는 비중이 크진 않지만 경향성을 보는 데는 참고가 될 것이다.

그 글 이후로 판매도 굉장했다. 조국이 비판 글을 올린 직후에 교보문고 주간 베스트셀러 7위가 되면서 처음으로 10위권에 진입했고, 그다음 주부터 3주 연속 1위가 되었다. 문재인 정권에 반대하는 보수파의 집회는 광화문 광장 부근에서 열리는 일이 많다. 그래서 집회 참가자가 돌아가는 길에 이 책을 교보문고 광화문점에서 사 가는 광경이 흔하게 목격되었다고 한다.

박근혜 대통령의 탄핵소동으로 보수파는 분열하고 약해

졌다. 더욱이 문재인 정권에 의해 '적폐'로 규정되어, 중앙 정부의 관료나 공공방송의 간부가 전(前) 정권에 가까웠다고 간주되면 인사 대상이 되었다.

문재인 정권은 '적폐 청산'을 최우선 과제로 삼아서 출범했다. 아무리 정적이라고 하더라도 '청산'해버린다는 말은 강렬한 선전문구다. 그 반작용으로 보수파의 반발이 강해져서 정권 3년째에 들어선 2019년 여름, 정권 비판 집회에 수만 명이 모이는 일도 드물지 않게 되었다. 문 대통령의 지지율은 역대 대통령의 같은 시기에 비해 높은데, 정권 비판 또한 역대 정권에 비해 격렬하다. 그만큼 한국 사회는 심각하게 분열되어 있다.

《반일 종족주의》도 그러한 분열을 체현한 것이다. 문장이 공격적일 뿐만 아니라 필자들이 가진 원념(怨念)이랄까, 문재인 정권으로 대표되는 진보파 세력에 대한 적의가 매우 강하게 전면에 드러난 책이라는 인상을 받는다.

주로 다루는 내용은 일본 시각에서 보면 상궤를 벗어난 것으로 보이는 '반일'. 정곡을 찌르는 점도 있지만 자료의 일방적인 해석이 도를 넘었다고 생각되는 부분이 눈에 띈다.

이해가 안 되는 것은 필자들의 정치적 입장을 반영한 선

택적인 기술이다. 대표적인 예로 초대 대통령인 이승만이
나 박정희 노선의 후계자인 전두환 등의 '반일' 행적을 무
시한다는 점을 들 수 있다.

한국의 보수파는 이승만을 독립운동가 출신의 '건국의
아버지'로 여기는데, 진보파에서 보자면 일본의 식민지배
에 협력한 친일파와 결탁한 '배신자'다. 하지만 이승만의
행적을 살펴보자면 격렬한 반일주의자였음을 알 수 있다.
공해상에 일방적인 평화선(일본에서는 '이승만 라인'이라고 불
린다)을 설정해 일본 어선을 나포하고 수천 명의 일본 어민
을 억류하기도 했고, 축구 월드컵 대회의 예선 경기에서도
일본인의 입국을 허가하지 않아서 한일전이 도쿄에서 2연
전으로 치러지기도 했다. 그때는 "축구라면 무조건 이긴다"
는 말에 설득되어 한국 팀의 일본행을 허가했지만 "가는
것은 좋은데 책임을 져라. 만약 진다면 현해탄에 그대로 빠
져 죽어라"라는 말을 내뱉었다는 설까지 있다.

언급하지 않는 또 다른 예로는, 독립운동가에 대한 고문
을 재현하는 등 '반일적 전시'로 유명한 독립기념관이 있다.
이는 전두환 정권이 일본의 역사교과서 문제에 대응해 국
민운동을 벌여 만든 것이다. 전시 내용에서 고개를 갸우뚱

하게 하는 것도 적지 않은데, 이것도 문제 삼고 있지 않다.

결국, 《반일 종족주의》에서 문제시되는 것은 '진보파의 반일'이다. 이승만, 박정희를 상대로 싸운 민주화운동가 출신인 김영삼 전 대통령도 도마 위에 올랐다. 현재는 보수파로 분류된다고 해도 필자들이 생각하는 보수의 본류와는 다를 것이다.

《조선일보》의 베테랑 정치기자는 내게 이 책에 대해 "내용이 훌륭하다고는 말할 수 없다"고 전제하면서 "문 정권이 보수 진영을 너무 심하게 공격해서 이런 책이 나온 것"이라고 말했다.

《반일 종족주의》라는 책은 결국 문재인 정권에 의해 구석으로 몰린 보수 세력, 그중에서도 현실정치에서 대항할 만한 힘을 갖지 못한 약소 그룹의 반격이다. 결사적인 반격이기 때문에 적의가 노골적으로 느껴지는 극단적인 서술이 된 게 아닐까.

한국은 정책 논쟁 등에서 상대를 꺾기 위한 논리 구축이 중시된다. 글로 권력투쟁을 하던 조선왕조 이래의 전통이 민주화를 거쳐 부활된 것이다. 문재인 정권에 대한 반격에 주안점을 둔 《반일 종족주의》에서 '일본'은 마침 좋은 도구로 이용되고 있을 뿐이다.

이 책은 한국에서 10만 부를 넘는 베스트셀러가 되었는데, 같은 해 11월에 출판된 일본어판은 1개월 만에 30만 부를 넘었다. 한국을 훨씬 뛰어넘는 판매 추세다.

일본에서의 경이적인 매출은 '한국인에 의한 반일 비판'에 카타르시스를 느끼는 사람이 많음을 방증한다. 그 기분을 이해는 하지만, 그렇다고 해서 이 책의 정치성을 등한시하면서까지 일방적으로 치켜세우는 일본 사회의 풍조에 나는 위화감을 느끼지 않을 수 없다.

《반일 종족주의》가 말하지 않은 것

《반일 종족주의》를 읽으면서 생각난 것은 박유하 세종대 교수가 2000년에 쓴 《누가 일본을 왜곡하는가》라는 책이었다. 일본이 강점기에 '조선민족의 정기'를 말살하기 위해 한반도 방방곡곡에 쇠말뚝을 박아 넣었다는 황당무계한 주장이나 조선총독부 건물을 해체한 김영삼 정권의 도착적인 자세, '반일이라면 무엇이든 다 된다'는 소설가나 정치인 등 '반일'에 대해 엄격하게 비판한다는 점은《반일 종족주의》와 같다.

다만 박유하의 책에서는《반일 종족주의》가진 적의가 느껴지지 않았다. 박유하는 한국 사회의 뿌리 깊은 반일 내셔널리즘을 철저하게 비판하면서 "맹목적인 반일파나 반한파가 아니라, 필요할 때에는 상대에 대한 제대로 된 비판을 용서 없이 해내는 친일파와 친한파가 더욱 필요하다"고 주장한다. 한국 사회에 대한 문제의식은 있지만 특정 세력을 염두에 둔 적의 같은 건 아니었다.

이러한 차이의 배경에는 저자의 성향이나 개성뿐만 아니라 20년 가까운 세월 동안 일어난 한국 사회의 변화가 있을 것이다. 한국 사회에서는 1987년의 민주화를 거쳐 보수파와 진보파의 대립이 격화되었다. 대립은《누가 일본을 왜곡하는가》가 나올 무렵부터 더욱 깊어져서, 2003년 대통령에 취임한 노무현 이후 이명박, 박근혜까지 3대에 걸친 정권하에서 점점 첨예해졌다. 특히 아버지로부터 물려받은 강권적 자세로 야유받은 박근혜 정권하에서 사회의 분열은 격심했고, 문재인 정권은 '적폐 청산'으로 그 분열과 대립을 더욱 심각하게 만들었다.

그러한 분열 속에서 진보파를 공격하기 위해 쓰인 《반일 종족주의》에는 이승만 등의 반일을 문제 삼지 않는 치우침 뿐만 아니라 자료의 사용 방법에서도 갸우뚱하지 않을 수 없는 점이 보인다. 대표적인 예로 동남아시아의 '위안소'에서 일한 조선인 남자의 일기에 대한 기술을 들 수 있다. 이 일기는 서울 근교의 개인박물관이 헌책방에서 입수한 것으로, 대표 필자인 이영훈이 소속된 낙성대경제연구소가 내용을 정밀하게 조사했다. 나는 2013년 8월 연구소 관계자로부터 공표 전에 자료를 제공받아, 《마이니치신문》에 상세한 기사를 썼다.

그 조선인 남자는 경상남도 출신의 1905년생으로, 그가 1922년부터 1957년까지 1년에 한 권씩 쓴 일기가 남아 있다. '위안소'에서 일하던 시기인 1943년과 1944년의 일기는 발견되었지만 아쉽게도 조선에서 '위안부'를 모은 시기로 추정되는 1942년을 포함한 8년분의 일기는 발견되지 않았다. 현장에 있었던 제3자의 기록이라고 할 만한 자료의 발견은 처음이라 매우 귀중한 것이었다.

나는 기사를 쓰기 위해 2년분의 일기를 다 읽었다. 일기의 주인은 그 사이 버마(미얀마)와 싱가포르의 '위안소'에서 일했다. 개인적인 생각을 기록하기보다는 '위안부'의 관리나 군, 관청과의 절충과 같은 일상생활을 담담하게 적어간 일기였다.

일기에는 "위안부를 데리고 연대본부와 그 밖의 서너 군데에 신년 인사차 다녀왔다"(1943년 1월 1일)거나, 연대본부 등에서 정기적으로 "피임구를 받아왔다" 같은 기술이 빈번하게 보인다. "항공대 소속의 위안소 2개소가 병참관리로 위양되었다"(1943년 7월 19일) 등의 기술도 있다.

한편 전선인 버마와 후방인 싱가포르 간의 차이도 엿보인다. 싱가포르에서의 일기에는 '위안부'의 '폐업(이직)'이나 '귀국'한 '위안부'에게 보낸 '송금'과 같은 기술이 많이 나오는데, 버마에서의 일기에는 그러한 기술이 없다.

버마에서는 오히려 "부부생활을 하러 ('위안소'를) 나간 하루요(春代), 히로코(弘子)는 병참의 명령으로 다시 위안부로서 금천관(金泉館)에 있게 되었다더라"(1943년 7월 29일)라는 식으로 기술되어 있다. 사단사령부로부터 '위안소' 이전 명령을 받자, "위안부 일동은 절대 반대"했지만 명령에는 이길 수 없다는 기술도 있다.

이 남자가 싱가포르에 있던 때인 1944년 10월 25일 일기에는 전 '위안부'가 결혼했다며 "지인들을 불러 축하주를 마시러 가자고 하기에 갔다"는 기록도 있다. 버마에서는 이미 일본군이 패퇴를 거듭하던 시기로, 연합군 심문조서 등에 의하면 많은 '위안부'가 휩쓸려서 희생당하고 있었다.

이 일기로부터 알 수 있는 것은, 요컨대 '위안부'마다 처한 상황의 차이가 심해 한마디로 '이러했다'로 묶을 수 없다는 사실이다. 그런데 《반일 종족주의》는 일기 내용 가운데 일본 측이 좋아할 만한 '좋은 상황'만을 들고 '나쁜 상황'에 대해서는 언급하지 않는다. 이영훈은 일제 강점기의 자료를 면밀하게 조사하는 실증주의적 경제사 연구로 높게 평가되어야 마땅한 연구자이지만, 이 일기에 관한 그의 기술은 결코 공정하다고 할 수 없다.

국방예산을 확대하는 문재인 정권

일본에서는 '좌파=평화주의자'라는 이미지가 있지만, 문재인 대통령은 군대를 보유하지 않는 코스타리카와 같은 의미의 평화주의자는 아니다. 문 대통령은 2017년 5월의 취임연설에서 "튼튼한 안보는 막강한 국방력에서 비롯된다. 자주 국방력을 강화하기 위해 노력하겠다"라고 표명했다. 그리고 문재인 정권의 국방예산은 2018년에 전년대비 7% 증가, 2019년에는 8.2% 증가했다. 2020년에도 예산안에 경항공모함 개발비가 들어가서 전년대비 7.4% 증가해, 처음으로 50조 원을 돌파하는 대형예산을 편성했다. 환율에 따라 달라지기는 하지만 5조 엔 규모인 일본의 방위예산과 어깨를 나란히 하는 액수가 되었다고 할 수 있다. 이명박, 박근혜 양 정권의 9년간은 평균 4.73% 증가였는데, 문 정권하에서는 신장률이 극도로 높아졌다.

핵심은 '자주국방'이다. 장기적으로 한국이 독자적으로 자국 방위를 할 수 있게끔 미군 의존도를 줄이자는 생각인데, 이는 노무현 정권에서도 중시되었던 노선이다. 노 정권에서 국방예산의 신장률은 매년 8% 이상에 달했었다.

원래 박정희 정권이 시작한 방침인데도 그 후 보수정권에서는 중시되지 않았다. 박정희의 정책 배경에는, 1968년의 김신조 사건에 대해서 미국이 강경한 반응을 보이지 않았던 점이나 한국의 반대를 무릅쓰고 1970년대 초에 주한미군 일부를 철수시킨 것 때문에 대미 불신이 강해졌던 점이 있었다.

박정희는 주한미군 병력을 유지해주기를 바라면서 1964년부터 베트남전쟁 파병 요구도 받아들인 터였다. 그래서 배신당했다는 느낌이 강했던 것이리라. 나중에 자세히 보겠지만 박정희는 '자주'나 '주체'를 강조한 대통령이었으며, 그런 생각은 노무현 전 대통령이나 문재인 대통령도 맥을 같이한다.

다만 한국이 처한 안보 환경은 엄격하며, 따라서 '자주'를 추구하는 데 한계가 있다. 북한과 군사적으로 대치하는 현 상황에서는 아무래도 미군에 의존할 수밖에 없고 그렇기 때문에 한미동맹을 소홀히 할 수 없다. 문재인 정권이 지소미아 종료를 마지막 순간에 유예한 것도 자주를 추구하고 싶지만 관철하기 어렵다는 사정이 반영되어 있다.

외교정책도 마찬가지다. 문 대통령의 외교정책 브레인인 김기정 연세대 교수는 대통령 선거 기간 중 나와의 인터뷰에서 '노무현 정권의 교훈'을 강조했다. 노무현 정권은 남북관계를 더 진전시키고 싶었는데 미일 양국과의 관계 악화 때문에 그러지 못했다는 반성이다. 노무현의 후계자를 자임하는 문 정권의 최우선 정책은 남북관계의 개선이며,

그러므로 미일, 특히 동맹국인 미국과의 양호한 관계 유지가 필수적이라는 것이었다.

김기정의 말대로 출범 초기 문 정권은 미일과의 관계를 극히 신중하게 다루었다. 대선 기간에 '위안부' 합의의 재검토까지 언급했었지만 당선 후에는 봉인했다. '위안부' 합의를 검증한 팀이 작성한 보고서는 피해 당사자를 무시한 물밑 교섭을 했다고 박근혜 청와대를 비판하는 데에 주안점을 두었는데, 검증 결과를 토대로 한 문 정권의 입장은 "합의로 해결된 것은 아니지만 재교섭을 요구하지도 않는다"라는 극히 애매한 것이었다.

2018년 초에 남북대화가 시작되고 얼핏 북한의 페이스에 말려 너무 앞서가는 것같이 보였을 때에도 실제로는 미국과의 사전 협의를 거르지 않았다. 한국 정부 당국자들이 "미국이 오케이한 것밖에 하지 않았다"고 역설하고 서울의 미국대사관 간부가 "한국이 연달아 사전협의를 요청해와서 귀찮을 지경"이라고 말할 정도였다. 일본 정부도 그것을 알고 있었기 때문에 북한 정세에 관한 정보를 아는 당국자들은 "문 정권은 의외로 현실적"이라고 평가했다.

북한 정세에 따른 한국의 자세 변화

이변이 널리 감지된 것은 6개월 사이에 3회째인 2018년 9월 남북정상회담(평양) 때였다. 특히 문제가 된 것은 정상회담에 맞추어 남북의 국방장관이 서명한 군사 분야 합의서였다. 최전선인 군사분계선 주변에 비행금지구역을 설정하는 사안 등 안보상 문제가 될 만한 내용이 들어간 데다 미국과의 사전협의가 충분히 이루어지지 않았기 때문이다.

강경화 외교부장관은 10월 10일 외교통일위원회 국정감사에서, 정상회담 결과를 전화로 전했을 때 폼페이오 미 국무장관이 불만을 표시했다고 인정했다. 강 장관은 "(폼페이오 장관이 불만을) 강하게 표명한 것은 아니고, 충분히 설명을 듣지 못했다는 것에 대한 불만을 나타냈다. 또 많은 질문이 있었다"고 말했다. 더욱이 《중앙일보》는 같은 달 12일, 한국 국방부가 주한미군에 합의서 내용을 설명한 것은 불과 서명 3일 전이었음을 폭로했다. 한국 정부 소식통은 《중앙일보》에 "국방부는 당시 주한미군 측에 '군사 분야 합의서 문구를 놓고 남북이 막판까지 줄다리기하면서 늦게 알려

췄다'는 취지로 유감의 뜻도 아울러 전했다"고 말했다.

대북정책에 관여하는 외교 소식통은 이렇게 말했다. "한국 정부의 자세에 변화를 느끼게 된 것은 9월에 들어설 무렵이다. 그때까지 '핵문제는 미국에 맡긴다. 남북은 핵문제와는 별도로 할 수 있는 범위의 일을 추진한다'고 말하던 것이 바뀌었다. 남북관계에 너무 기울어져서 과도하게 앞서 나가려는 것이 아닌가 하고 지적받으면 '남북관계를 추진하는 것은 핵문제 해결을 뒤에서 밀어주기 위해서다. 핵문제 해결이 중요하다고 생각하지 않는가'라는 반론을 펴게 되었다." 이처럼 구체적인 이유는 모르지만, 9월 남북정상회담을 계기로 변화가 표면화되었다고 보는 전문가가 많다.

복선은 문재인 대통령이 고집했던 '운전자론'일 것이다. 한반도의 문제는 당사자인 한국이 주체적으로 관여해야 한다는 생각이며 '자주', '주체'와 통하는 말이다. 문재인은 대선 기간 중에 가진 미국《워싱턴포스트》인터뷰에서 "미중 간의 협의나 북미 간의 대화를 뒷좌석에서 보고만 있는 상황은 한국에게 바람직하지 않다"고 말했다.

취임 후에는 사상 최초의 남북정상회담을 실현시킨 김

대중 전 대통령에 대해서 "한반도 문제의 주인은 우리 자신이라는 것을 몸소 실천적으로 보여주었다"며, "우리가 운전석에 앉아 주변국과의 협력을 바탕으로 한반도 문제를 이끌어갈 수 있음을 보여주었다"고 칭찬했다.

그리고 취임 한 달 후에 가진 최초의 한미정상회담에서 트럼프 대통령으로부터 "한반도의 평화통일 환경을 조성하는 데 있어 한국의 주도적 역할을 지지"한다는 언질을 얻어냈다(한미정상 공동성명). 문 대통령은 이에 용기를 얻었는지, 이튿날 재미한국인과의 간담회에서 "주변국에 기대지 않고 우리가 운전석에 앉아 남북관계를 주도해나가겠다"고 힘주어 말했다.

그럼에도 북한이 핵실험이나 장거리 탄도미사일 발사를 반복하는 동안에는 효과적인 조치를 취하지 못했는데, 2018년에 들어서 상황은 일변했다. 우선 남북대화가 진전되었고, 한국이 중개하는 형태로 사상 첫 북미정상회담이 실현된 것이다. 예상을 초월하는 큰 진전으로, 2차 한국전쟁의 위기를 말하던 긴장상태는 단번에 과거지사가 되어버렸다. 한국인에게 전쟁 재발은 생각하기도 싫은 악몽이라 문 대통령의 지지율은 취임 2년째로서는 이례적으로 높은 70%가 되었다.

이후 문 정권의 외교에서 그때까지의 신중한 자세는 사라졌다. 자신들이 '운전자'로서 북미관계를 개선하고 한반도 정세에 획기적인 변화를 가져오는 계기를 만들었다는 성취감에 취한 것 같았다. 그것을 상징하는 것이, 9월의 남북정상회담 일정을 조정하는 대북 특사 파견 전날에 이루어진 한미 정상 간 통화 협의에 관한 청와대의 설명이다. 청와대 대변인이 "트럼프 대통령은 통화에서 문 대통령에게 '북한과 미국 양쪽을 대표하는 수석협상가(chief negotiator)가 되어 역할을 해달라'라고 요청했다"고 설명한 것이다. 한국 언론은 이에 대해 "트럼프도 인정한 '수석협상가 문재인'… 주목받는 비핵화 중재역"(연합뉴스) 등으로 보도했다.

대일외교에서도 같은 일이 일어났다. 앞서 말한 대로, 문 대통령은 '위안부' 합의로는 '위안부' 문제가 "해결되지 않았다"고 주장하면서도 실제로는 아무것도 하지 않았었다. 그런데 9월 25일 한일정상회담에서 태도가 변했다. 문 대통령은 아베 총리에게, 합의에 의해 설립된 '화해치유재단'이 "정상적 기능을 못하고 고사할 수밖에 없는 상황"이라고 설명하며 해산을 시사했다. '화해치유재단'은 결국 일본 측과 제대로 된 상의도 하지 못한 채 이듬해인 2019년 7월 정식으로 해산되었다.

그리고 2018년 10월, 한국 대법원이 강제징용 피해자들에게 위자료를 지불하라고 일본 기업에게 명령하는 판결을 내렸다. 판결이 나온 날 만난 한국 외교부 고위 관계자는 내게 "일본 기업에 실질적인 손해가 발생하지 않는다면 외교 문제는 피할 수 있다. 조금 시간이 걸릴지 모르겠지만 어떻게든 해야 한다"라고 말하며 일본 측의 우려를 이해하는 자세를 보였다.

실제로 외교부와 지일파인 이낙연 총리를 중심으로 대응책을 찾으려는 움직임도 시작되었지만 청와대의 움직임은 둔했다. 오히려 총리 등의 움직임을 견제하는 것 같은 발언이 청와대 내부로부터 나오는 형편이었다. 대북정책을 추진하기 위해 일본과의 관계에도 신경을 썼던 같은 해 여름까지의 문 정권이었다면 적어도 일본의 신경을 거스르는 것 같은 대응은 하지 않았을 것이라고 생각된다.

'자주'와 '주체'를 향한 집착

대국의 꿍꿍이에 휘둘리지 않는 '자주'와 '주체'라는 생각에 매혹되는 것은 보수파도 별로 다르지 않다. 군사 쿠데타로 권력의 자리에 올라, 민주화운동을 탄압하면서 측근에게 살해되기까지 19년간에 걸쳐 정권을 유지한 박정희의 말에서 그러한 경향을 엿볼 수 있다.

1961년 쿠데타를 일으킨 후에 선거라는 형식을 밟아 1963년 대통령이 되었을 때의 취임연설을 보자.

"국민은 한 개인으로부터 자주적 주체의식을 함양하며, 자신의 운명을 스스로 개척한다는 자립·자조의 정신을 확고히 하고, 이 땅에 민주와 번영, 복지사회를 건설하기에 민족적 주체성과 국민의 자발적 적극 참여의 의식, 그리고 강인한 노력의 정신적 자세를 바로잡아야 하겠다."

이 연설 전체에서 '자주'라는 말이 3회, '주체'가 2회 사용되었다. 1972년 '유신체제'를 출범시켜서 새롭게 대통령으로 선출되었을 때의 연설에서도 '민족의 자주성'이라는 말을 반복했다.

박정희는 쿠데타를 일으킨 후에 미국의 지지를 얻기 위

해 분주하게 움직였다. 냉전하의 한국은 안보 면에서 미국에 강하게 의존하고 있었기에, 미국의 지지 없이는 정권을 유지하는 것이 불가능했기 때문이다. 그리고 '굴욕외교'라는 국민의 강한 반발을 계엄령으로 짓눌러 압살하면서까지 1965년 일본과 국교정상화를 단행했다.

한일 국교정상화는 공통의 동맹국인 미국의 강한 압력으로 실현된 것이었다. 미국은 당시 베트남전쟁의 늪에 빠져들고 있었다. 부시(아들) 정권에서 국가안보회의(NSC) 아시아 부장을 역임한 빅터 차는 한미일 관계를 '유사 동맹'이라고 평한 저서 《적대적 제휴: 한국, 미국, 일본의 삼각 안보체제(Alignment Despite Antagonism)》에서, 한일 국교정상화의 배경을 다음과 같이 설명한다. "미국이 베트남에 개입하는 정도가 깊어져 있었기 때문에 동아시아에 반공 전선을 구축하기 위해서는 한일 양 동맹국을 시급하게 화해시키는 것이 최우선이었다. 즉 양국 간에 역사적 반목이 있다 하더라도, 또 양국의 지도자가 부정적, 긍정적 어느 자세를 취하더라도 이 시기에 조약은 타결되었을 것이다."

박정희로서는 경제개발에 필요한 자금과 기술을 일본으로부터 얻으려는 목적이 컸다. 빅터 차는 외무장관으로서

교섭을 타결시킨 이동원을 인터뷰한 내용을 바탕으로 이렇게 썼다. "박정희는 이동원을 외무부장관으로 임명하면서 일본과의 국교정상화를 최우선 과제로 했는데, 그 정책의 목적은 일본으로부터 과거에 대한 사과를 끌어내는 것이 아니라 국가경제를 성장시키는 것이라고 지시했다." 국교정상화로 일본으로부터 5억 달러를 받은 박정희는 민주화보다 경제 발전을 우선하는 개발독재로 '한강의 기적'으로 불리는 고속성장을 실현시켰다.

약소국인 한국으로서는 미국과 일본에 의존할 수밖에 없었다. 미국에만 의존하기보다는 일본에도 발판을 확보해두자는 결단이었던 셈인데, 한편으로 연설을 보면 강한 민족 내셔널리즘의 소유자였음도 분명하다. 일본 육군사관학교를 졸업하고 일본에 많은 지인이 있었다는 사실만으로 일본과의 관계를 중시한 친일적인 인물이었다고 본다면 너무 단순한 시각일 것이다.

박정희는 1960년대 말 이후, 미국에 대한 불신으로 자주국방 노선을 택했다. 미중 간 관계 개선과 미소의 데탕트라는 국제정치의 흐름이 배경에 있었기에, 자기가 속한 진영으로부터 '버림받을 수 있다'는 우려는 북한의 김일성도 마찬가지였다. 남북은 1972년 상호 특사를 파견하는 극비 교섭을 거쳐 '자주·평화·민족대단결'이라는 통일에 관한 3대원칙이 들어간 7·4공동성명에 합의했다. 당시 중앙정보부 북한국장이었던 강인덕(김대중 정권에서 통일부장관)은 성명 초안을 보았을 때 '자주'와 '평화'의 순서를 바꾸자고 주장했지만 받아들여지지 않았다고 한다.

민주화운동을 탄압한 전두환 대통령도 민족 내셔널리즘 면에서는 큰 차이가 없다. 군부 내 쿠데타로 대통령이 된 후 최초의 신년사(1981)에서 그는 "세계사의 당당한 주체로서 활약하는 민주민족국가여야 하겠다"라고 말했다.

박근혜도 2013년 대통령 취임연설에서 "오늘의 대한민국은 국민의 노력과 피와 땀으로 이루어진 것"이라고 선언함과 동시에, '리먼 쇼크' 후의 세계에서 한국이 직면한 상황에 대해 "이번 도전은 과거와는 달리 우리가 스스로 새로운 길을 개척해야만 극복해나갈 수 있다"라고 말했다. 제2의 '한강의 기적'을 일으키겠다고 잘라 말하는 모습은 아버지의 민족 내셔널리즘을 방불케 했다.

보수파가 진보파보다 현실주의적이며, 필요에 따라서는 민족 내셔널리즘을 억제할 수 있다고 할 수는 있다. 특히

미국과의 동맹관계, 그리고 한미일의 협력이 안보상 이익
이 된다고 하는 감각은 보수파가 강하다. 다만 박근혜 정권
초기에 '위안부' 문제로 한일관계 전체에 제동을 걸기도 했
다. 반대로 문재인 정권에서는 부담이 너무 커서 지소미아
를 실제로 종료시키지 못했다. 이는 진보파에게도 한미동
맹이 여전히 중요하다는 현실을 여실히 보여준 일이다. 결
국 민족 내셔널리즘과 한미동맹에 대한 모순된 사고는 보
수파도 진보파도 공유한다는 것이다.

문재인의 한국은 '완전히 새로운 나라'

문재인 대통령은 2017년 5월의 대선에서 승리선언을 할
때 "저를 지지하지 않았던 분들도 섬기는 통합 대통령이
되겠다"고 강조했다. 그러나 실제로 역점을 둔 것은 과거의
보수파 정권이 쌓아올린 사회적 잘못을 바로잡는다는 '적
폐 청산'이었으며, 보수파와 진보파의 대립과 한국 사회의
분열을 더욱 깊게 하는 결과를 낳았다.

정권 출범 당초에 표적이 되었던 '적폐'에는 일본과 직

접 관련된 것이 두 가지 있었다. 2015년의 '위안부' 합의와 박근혜 정권의 청와대가 강제징용 소송의 진행을 늦추도록 대법원에 공작했다는 의혹이다. '위안부' 합의를 성사시키기 위한 교섭을 통해서 일본 측으로부터 신뢰를 얻게 된 사람들이 형사처벌을 받거나 실각하는 모습은 일본 정부 관계자들에게 충격을 주었다.

적폐 청산은 일본과 관련한 것에만 국한되는 것이 아니었다. 퇴임한 노무현을 가족 비리 수사로 압박해 자살하게 만들었다고 진보파가 간주하는 이명박 정권에 대한 추궁도 엄했다. 1980년대 말부터 진상 규명과 책임 추궁이 반복되어온 5·18 광주민주화운동도 새로이 문제가 되었다.

적폐 청산의 움직임을 추동한 것은 한국에서 최초로 탄핵재판을 통해 박근혜 대통령을 파면시켰다는 고양감이었다. 100만 명으로 추산되는 시민이 촛불을 들고 광화문에 모임으로써 박근혜 탄핵의 흐름을 결정지었다. 문재인 정권의 중추에 들어간 어떤 정치인은 대선 전에 "문재인은 촛불집회에 큰 빚을 졌다고 생각하고 있다"라고 말했다. 이미 대통령 당선이 눈에 보이던 시기에 나눈 대화였는데 문재인 정권이 되면 적폐 청산을 강력하게 추진할 것이라는 예고였다.

문재인은 박근혜가 탄핵소추된 다음 달인 2017년 1월에 대선을 노리는 대담집을 출간했다. 거기서 강조한 말이 "한국 정치의 주류세력을 교체하지 않으면 안 된다"라는 것이었다.

전제가 되는 인식은 다음과 같은 것이다. 조선시대에 권력을 사물화(私物化)한 세력이 나라를 멸망시켜 일본의 식민지로 전락케 했는데 그 세력은 식민지배에 협력하는 '친일파'가 되어서 이권을 탐식했고, 일본의 패전으로 식민지배로부터 해방된 후에는 '반공'이라는 가면을 쓰고 독재세력이 되었다. 그러한 세력을 제대로 청산해오지 않았기 때문에 그들이 여전히 한국 사회에서 기득권을 쥐고 있다.

일제 강점기에 고등교육을 받고, 관료가 된다든지 산업을 일으킨다든지 했던 사람들의 흐름을 배우고 따르는 우파세력이 해방 후 중용된 것은 사실이다. 좌파세력의 정치공세에 대항하기 위한 정통성이 필요했던 그들은 독립운동가로서의 명성과 정통성을 갖고 있던 이승만과 협력하는 길을 택했다. 그리고 미국이 뒤에서 밀어주기는 했지만, 중국이나 한국 내에서 독립운동을 하고 있었던 세력 속에 정치기반이 없던 이승만에게 우파세력과의 협력은 필연이었다. 초대 대통령이 된 후의 국가 운영에 고등교육을 받은 사람들의 힘이 필요했다는 현실적인 측면도 컸다. 이승만 개인은 강한 반일감정을 갖고 있었지만, 지금은 진보파로부터 '친일파의 아버지'로 비판받고 있다. 한일 국교정상화 후에 일본의 자금과 기술협력을 받아서 산업화를 추진한 것도 이 사람들이다.

한편으로 일본을 상대로 독립을 위해 싸웠고, 그 후에는 군부 독재에 반대하는 민주화 투쟁의 짐을 짊어진 세력이 상대적으로 보상받지 못했다는 의식을 갖는 것도 이해할 만하다. 요즘에는 '강남좌파'라고 불리는 부유층이 적지 않지만, 적어도 이념적으로는 '기득권 보수와 보상받지 못한 진보'라는 대립축이 여전하다.

주류 교체는 문재인만의 생각이 아니다. 여당 내에는 주류 교체에 대해서 "노무현 전 대통령 때 싹을 틔워 문재인 대통령 때 열매를 맺어야 하는 일종의 과업이라는 공감대가 형성되어 있다"고 한다(《문화일보》 인터넷판, 2018년 7월 11일). 문재인 진영의 공동 선대본부장이었던 이해찬 전 총리가 2017년 대선 막판에 발언한 유세 내용은 그것을 상징하는 것이었다.

다른 후보에게 지지율에서 큰 차이를 벌려 낙승 분위기
가 흐르기 시작하던 때였다. 이해찬은 "오늘 여론조사를 보
니까 이제 선거는 끝났다"고 가볍게 말하면서 "극우보수
세력을 완전히 궤멸시켜야 한다. 다시는 저런 사람들이 이
나라를 농단하지 못하도록 철저히 궤멸시켜야 한다"고 주
장했다. 여기서의 극우보수 세력은 문재인이 훗날 '친일잔
재', '적폐'라고 공격한 것과 동일한 상대다. 이해찬은 그 후
여당인 더불어민주당의 대표가 되었다.

문 정권하에서 대표적인 주류 교체 인사는, 춘천지법원
장이던 김명수를 대법원장으로 발탁한 것이다. 김명수는
민주화 이듬해인 1988년에 출범한 사법개혁을 주장하는
진보적 판사 단체 '우리법연구회'에서 2004년 회장을 역임
했던 인물이었다. 정치적이라며 비판받은 일도 있었고, 그
때까지 사법부 인사에서는 찬밥 신세였다. 대법원장 임명
에 필요한 국회동의안이 가결되었을 때, 《경향신문》은 사
설에서 "김명수 대법원장(의 임명동의안) 가결, 사법개혁 이
제 시작이다"(2017년 9월 22일자)라고 환영했다.

군사정권의 꼭두각시가 되어 있었던 법조계에서는 민주

화 후에 김명수 같은 급진개혁파가 나타나고, 일반 판결에서도 여론의 동향을 의식하는 경향이 강해졌다. 그럼에도 진보파는 "사법부에는 보수적인 경향이 남아 있다"는 불만이 강했다. 그것은 문재인 정권이 검찰개혁을 강조하는 것과도 일맥상통한다.

외교부에서는 보수파 정권하에서 중용되어왔던 '동맹파', 즉 미국이나 일본을 담당해온 주류파가 후퇴했다. 청와대 국가안보실장이 된 정의용은 그때까지 비주류 취급을 받고 있었던 통상 분야의 길을 주로 걸어온 외교관 출신이다. 직업 외교관의 최고위직인 외무부장관에는 김대중 대통령의 영어 통역을 계기로 외교부에 특채로 들어간 후 UN으로 자리를 옮겼던 강경화가 임명되었다. 국방부 인사에서도 주류였던 육군 인맥이 후퇴하고, 해군이나 공군 인맥을 중용하게 되었다.

그리고 공영방송인 KBS나 MBC 등에서도 이명박·박근혜 정권 때 해고당했거나 한직으로 쫓겨났던 사람들이 차례차례 경영진으로 복귀, 영전해 주요 간부 자리를 거침없이 바꾸어갔다.

나중에 생각해보니 문재인이 출간한 대담집의 제목은

'그 후'를 시사해주는 것이었다. 그 제목은《대한민국이 묻는다: 완전히 새로운 나라, 문재인이 답하다》였다. 보수 언론은 "파격 인사로 권력 주류 교체, 문 대통령 책대로 가고 있다"(《중앙일보》인터넷판, 2018년 7월 4일)라며 경계심을 감추지 않았다.

'올바름'을 중시하는 한국의 정치문화

주류 교체에 관한 문 대통령의 생각이 선명하게 나온 것은 2019년 3월 1일 3·1운동 100주년 기념사에서였다. 문 대통령은 이렇게 말했다. "친일잔재 청산은, 친일은 반성해야 할 일이고 독립운동은 예우받아야 할 일이라는 가장 단순한 가치를 바로 세우는 일이다. 이 단순한 진실이 정의이고, 정의가 바로 서는 것이 공정한 나라의 시작이다."

그리고 '좌우의 이념 대립'이라는 딱지를 붙이는 것은 일제가 민족을 분열시키기 위해 사용한 수단이라고 규정하며 "우리 마음에 그어진 '38선'은 우리 안을 갈라놓은 이념의 적대를 지울 때 함께 사라질 것이다. 서로에 대한 혐오와 증오를 버릴 때 우리 내면의 광복은 완성될 것이다. 새로운 100년은 그때에서야 비로소 진정으로 시작될 것이다"라고 호소했다.

이 말은 한국 정서를 잘 모르는 일본 사람들로서는 이해하기 힘들 수 있다. 일본 사람들이 이해하기 쉬운 표현으로 바꿔보자면 이렇게 될 것이다. "일본의 식민지배에 대한 협력자(친일파)의 책임을 추궁하고, 독립운동가에게는 예우를 하지 않으면 안 된다. 이것이 가장 단순하면서도 소중한 정의이며, 정의의 실현을 꾀하는 것이 공정한 나라 만들기의 시작이다. 보수와 진보에 의한 이념 대립이 해소되어야만 식민지배의 멍에로부터 완전하게 해방되어 진정한 독립을 이루어낼 수 있다. 그래야만 건국 100년을 맞이한 대한민국이 새로운 100년으로 나아갈 수 있다."

100년이라는 것은 1919년 3·1운동 후에 상하이에서 수립된 대한민국 임시정부를 현재 한국의 원류로 규정하는 생각을 보여준다. 임시정부는 정부로서의 승인과 재정, 군사원조를 미국과 중국에 요청했지만 받아들여지지 않았다. 그럼에도 대한민국 건국년을 1919년으로 보는 진보파의 주장이 강해지는 경향이 있고, 1948년을 건국년으로 해야 한다는 보수파와 대립하고 있다.

또한 한국 헌법 전문에는 '3·1운동에 의해 건립된 대한민국 임시정부의 법통' 계승이 강조되고 있다. 1948년에 제정된 한국 헌법은 네 차례에 걸쳐 전면 개정되었다. '3·1운동'에 관한 언급은 처음부터 전문에 있었지만, 임시정부를 명시하면서 법적 정통성을 강하게 의식케 하는 '법통'이라는 단어가 사용된 것은 1987년 민주화로 전면 개정된 현행 헌법이 처음이다.

문 대통령의 말로 되돌아 가보자. 그 연설의 요지는 이제까지 지나치게 우대받아온 보수파로부터 기득권을 빼앗아 '잘못을 바로잡는' 것이 필요하다는 주장이다. 그것을 구체화하는 것이 주류 교체다.

'올바름'이라는 말은 최근 한국 사회의 키워드가 된 것 같다. 정치세력은 '올바름'의 실현을 높이 떠받들고 반대세력을 압박한다. '올바름'이라는 말은 타협의 여지가 없거나 극도로 어려운 개념이기에 충돌이 격렬해질 수밖에 없다.

외국인의 시각으로 볼 때 한국의 정치문화는 "사회의 모든 활동적 분자를 권력의 중심으로 빨아들이는 소용돌이로 비유된다". 권력의 극단적인 일점 집중이 특징으로, 미국의 정치학자 그레고리 헨더슨은 1960년대에 펴낸 저서 《소용돌이의 한국정치(Korea—The Politics of the Vortex)》에서 한국 사회의 정치권력을 "사람들을 급속도로 그 속으로 말려들게 만드는 거대한 소용돌이로서, 순식간에 그들을 야심의 절정 근처로 밀어 올리는가 하면, 다음에는 순식간에 그들을 일소해 때때로 일말의 가책도 없이 처형한다든지 추방하는 것이었다"고 지적했다.

현재도 한국 대통령은 '제왕적'이라고 하는데, 그것은 헌법 규정에 의하는 것이라기보다 정치문화의 산물이다. 문재인 정권의 '적폐'와 '친일잔재'의 청산, 즉 주류 교체라는 것은 '회오리바람의 상승기류'처럼 권력으로부터 소외된 보수파 세력을 일소하는 작업이나 다름없다.

그때 '일본'이라는 키워드는 유용하다. '적폐'인 보수파와 독립운동의 계보를 잇고 있다고 스스로를 규정하는 문재인 등 진보파를 구별하기 위한 '중요한 도구'니까.

그러나 거꾸로 말하면 문재인 대통령에게 '일본'은 그 이상의 존재는 아니다. 일본을 공격하는 것이 주된 목적이 아니라 국내 보수파의 일소가 목적인 것이다.

그래서 문 대통령은 3·1운동 기념사에서 일부러 "이웃

나라와의 외교에서 갈등의 요인을 만들자고 하는 것이 아니"라고 강조하고 있다. 다만 그 의도가 일본 측에 잘 전달되지는 않은 것 같다. 일본을 공격하려는 것이 아니라고 하더라도, 그 밑바닥에 앞에서 말한 역사인식이 있는 이상 일본을 자극하는 단어를 쓰지 않을 수가 없기 때문이다.

결과론이기는 하지만 '주류 교체'에 의해 일본과의 파이프 역할을 하던 많은 사람들이 중요한 자리에서 사라졌다. 그것이 일본 측에 불필요한 오해를 낳았다는 점을 부정하기는 어렵지만, 본질적으로는 1990년대까지 한국 정계나 경제계의 주류에 남아 있던 '일본어 세대'가 은퇴했는데 후계자는 제대로 안 나왔다는 구조적인 문제라고 보아야 할 것이다. 즉 한일 간에서 원활한 소통을 맡을 사람들이 없어진 지는 오래되었고 문재인 정권 들어서 그것이 더 심해졌을 뿐이다.

조국 스캔들은 왜 일어났는가

문재인 정권하에서 보수파와 진보파의 분열이 깊어지고

있음을 여실히 보여준 것은 '조국 법무장관'을 둘러싼 소동이었다. 정권 출범 때부터 청와대에서 민정수석을 역임하던 조국이 2019년 8월 9일에 차기 법무장관에 지명되고부터 10월 14일에 사임하기까지 2개월여의 소동이다.

조국은 화려한 말솜씨를 가진 서울대 법대 교수다. 공정이나 정의의 중요성을 강조해왔고, 문 정권에서는 검찰을 포함한 사법개혁의 최강 카드 역할이 기대되었다. 포스트 문재인을 노리는 유력 정치인들이 차례차례 실각한 일도 있어서 문 대통령의 후계 후보로 지목될 정도였다.

문 정권이 추진하는 검찰개혁의 핵심은 정부 고위 관료 등을 대상으로 하는 '고위공직자 범죄수사처'의 신설 문제다. 대통령이나 장관, 국회의원, 자치단체장, 판사, 검사 등 고위공직자와 가족을 대상으로 삼는 수사기관이다.

노무현 정권 때에 이미 이 조직을 설치하려고 한 바 있지만 야당과 검찰의 반대에 부딪혀서 좌절한 바 있었다. 보수정권하에서도 검찰의 불상사가 일어날 때마다 논의되어 왔던 것이다. 조국은 이 구상을 여러 차례 피력했으며, 그를 법무부장관으로 기용하는 것은 공수처 구상을 실천하겠다는 문 대통령의 강한 의지를 보여주는 것으로서 주목되었다.

한편 보수야당인 자유한국당은 "청와대 직속 제2의 검찰을 만들려는 것이다. 조국의 법무장관 지명은 야당에 대한 선전포고다"라고 맹렬히 반발했다. 정치검찰로서 야당 탄압에 앞장설 것이 확실하다고 본 것이다.

한국에서는 검찰과 경찰, 국가정보원, 국세청을 '권력기관'이라고 부른다. 청와대가 정적을 압박하기 위해 이용해 왔다고 하는데 한편으로는 대통령 임기 말이 다가오면 '차기 권력'을 의식한 조직 방어로 흘러 정권 주변의 스캔들을 폭로하게 된다.

그중에서 군사정권 시대에 정치개입을 반복한 정보기관은 1990년대부터 개혁대상이 되어 상대적으로 힘이 약해졌다. 반대로 존재감을 높인 것이 검찰이다. '정치검찰'이라고 비판받는 일도 적지 않다.

그러한 사회구조를 배경으로, 야당은 정권에 충성도가 높은 '제5의 권력기관'의 등장을 경계했고, 권한을 위협받는 검찰 역시 강하게 반발해왔다.

그런데 법무장관 지명 후에 조국을 둘러싼 스캔들이 차례차례 표면화되었다. 딸의 부정입학 의혹이나 사모펀드 관련 의혹, 친족이 경영에 관여하는 사학재단의 비리 의혹

등 너무 많아서 머리가 혼란해질 정도다.

조국 자신이 이제까지 '정의'나 '공정'이라는 단어를 휘둘러서 보수파의 스캔들을 엄하게 지탄해왔기에 보수 언론들은 더욱 조국 때리기에 혈안이 되었다. 검찰도 억지로 보이는 수사를 반복하면서 조국을 때리는 재료를 제공했다.

그럼에도 문재인 대통령은 정면돌파를 꾀했다. 국회 청문회 절차가 끝나자 9월 9일 법무장관 임명을 강행한 것이다. 일본적인 감각으로는 무모해 보일 수도 있겠지만, 천만의 말씀이다.

나는 그날, 서울의 한 대학에서 사회학을 가르치는 한국인 교수에게 전화를 걸었다. 그는 "나는 문 대통령을 지지하지만 조국의 법무장관 임명은 반대다. 하지만 내 주변에는 임명에 찬성인 사람뿐이다. 그 이야기를 하면 싸움이 되고 말아 진절머리가 나서 뉴스도 안 보기로 했다"고 말했다. 그가 보수파였다면 조국에 대한 험담으로 분위기가 떠들썩했을지도 모르지만, 진보파 인사여서 보수파와의 접점은 적었던 것 같다. 전화의 목소리는 그때까지 들어본 적이 없을 정도로 처져 있었다.

한국 사회의 상황은 그의 말에 압축되어 있었다. 8월 말까지 몇 차례의 여론조사에서 정권을 지지하는 사람들의 90%가 임명 찬성, 지지하지 않는 사람들의 90% 이상이 반대라는 결과가 반복되었다. 중간층이 떨어져 나갔기 때문에 정권 지지율이 떨어지긴 했지만 7월 말의 48%가 40% 안팎으로 떨어진 정도였다.

그리고 시작된 것이 조국의 법무장관 사임을 요구하는 보수파의 집회와 "조국 법무장관을 지켜서 검찰개혁을 관철하자"고 부르짖는 진보파의 집회였다. 보수파가 5만 명을 모았다고 발표하면, 그다음 주에는 진보파가 '150만 명'의 대집회를 열었다고 하고, 다시 그다음 주에는 양쪽 모두 '300만 명'의 대집회를 열었다고 주장하는 식이다.

친구인 한국인 기자는 "상대보다 많은 참가자 수를 모으는 것으로써 세력을 과시하려고 한다. 양쪽 모두 SNS에서 필사적으로 참가를 독려하고 있다"라며 어이없어했다. 물론 참가자 수는 주최자가 부풀려서 발표하는 것이겠지만, 그래도 수만 수십만 명이 모인 대집회였음에는 틀림없다. 결국 조국을 둘러싼 소동은 보수파와 진보파의 분열이 점점 더 심해지고 있음을 보여주었을 뿐이다.

2장

서로의 생각을 안다고
착각하는 한국과 일본

일본제품 불매운동

한국의 진보파 단체가 만든 일본 규탄 집회 전단지를 보면서, 실례지만 나도 모르게 뽑었다. 문재인 정권의 대일정책을 비판하는 한국의 야당 지도자와, 강제징용 피해자들을 "강제징용이 아니라 자발적으로 모집에 응한 사람들이다"라고 말하는 아베 총리 등의 발언과 함께 내가 쓴 칼럼이 지탄받고 있었기 때문이다.

2019년 7월에 발표된 수출규제 강화에 반발해 광복절인 8월 15일로 계획된 촛불집회 참여를 독려하는 전단지였다.

일본 편을 든다고 보수파 공격에 사용된 '토착왜구'라는 신조어를 써서, '토착왜구·본토왜구 연대'를 규탄하고 있었다. 나는 일본인이니 본토왜구에 해당될 것이다.

나의 칼럼은 한국에서 일본제품 불매운동이 과거 25년간 한 번도 성공하지 못했음을 지적하는 것이었다. 화려한 퍼포먼스로서 일본 언론들도 보도하지만 실체는 없다. 그래서 결국은 일본 여론에 나쁜 인상을 주는 것으로 끝난다. 그것이 과거 몇 번이나 반복되어왔다.

수출규제에 반발하는 상황에서도 같은 움직임이 보였기 때문에 너무 소란 떨지 말고 신중하게 살피는 것이 좋겠다는 생각에서 과거의 경위를 소개한 것이었다. 외국산 담배 수입이 급증했던 1995년, '새로운 역사교과서를 만드는 모임'의 중학교 역사교과서가 문제 되었던 2001년, 시마네현이 '다케시마의 날' 조례를 제정한 2005년, 아베 정권이 '다케시마의 날' 행사에 내각부 정무관(부대신 밑에 임명되는 정치인의 직함)을 파견한 2013년 등 네 차례에 걸친 불매운동이다.

1995년은 일본 정부와 직접 관련된 사안이 없었는데도 광복 50주년이라는 시점이라 불매운동을 벌였던 듯하다.

외국산 담배의 대표 격인 '마일드세븐'이 저격 대상이었다.

나는 1995년 외에 나머지 세 차례를 서울에서 취재했다. 일본제품이나 브랜드를 큰 판자에 그려놓고 달걀을 던지는 등, 기자에게는 '재미있는' 요란한 퍼포먼스가 벌어지기도 한다. 다만 일본제품의 매출이 정말로 떨어지진 않았다.

한국의 신문기자나 경제인 가운데에는 "잘 써주었다. 정말 그렇다"라고 국제전화까지 걸어와 내 칼럼에 대한 감상을 전해준 사람도 있었지만, 불매운동 당사자들에게는 불쾌했던 것 같다. "이번에야말로 성공시키자"라는 댓글도 있었다.

그런데 실제로 이번 불매운동은 달랐다. 일본 관광국에 의하면 7월에 일본을 찾은 한국 사람이 전년 같은 달에 비해서 7.6% 감소했고, 8월에는 48%, 9월에는 58.1%로 더 크게 감소했다. 한국인 관광객의 비율이 높은 규슈 같은 관광지에서는 비명을 질렀다. '유니클로'나 일본 맥주 등 일본 제품의 한국 매출도 급감했고, 한국에서 증가하던 일본식 대폿집인 이자카야나 일식집도 손님의 발길이 줄었다.

나리타, 하네다, 간사이, 주부(나고야) 등 4개 기간공항을 제외한 일본 지방공항의 국제선 이용자 수(2018)는 일본인

201만 명, 외국인 835만 명이었다. 그리고 2017년에 일본을 방문한 외국인 관광객의 4분의 1이 한국인이었다. 일본의 한 관광업계 관계자는 "도쿄에서는 알지 못할지 모르겠지만 지방 관광업계의 한국 의존도는 아주 높다. 특히 한국인 관광객의 비율이 높은 겨울철의 규슈 관광에는 큰 타격이다"라며 비통한 표정을 지었다.

지방도시에는 자본력이 취약한 한국의 저비용항공사가 주로 취항하고 있다. 한 관광업계 관계자는 이렇게 말했다. "한국 저비용항공사의 일본 지방노선에는 일본 자치단체로부터 보조금을 받는 경우가 많다. 그런데 보조금이라는 것은 예년 수준을 유지하려는 데는 큰 어려움이 없지만, 노선 폐지로 한번 없어지고 나면 다시 예산을 확보하기가 너무 힘들다. 일본 지자체들이 재정난으로 고통받고 있어서 더욱 그렇다. 그런데 발이 되어주는 항공노선이 없으면 관광객은 돌아오지 않는다. 편수 감소 정도에서 더 악화되기 전에 어떻게든 상황을 호전시킬 수는 없을까?"

한국에서는 지나친 반일에 대한 비판이 강해지고 있으며 불매운동이 길게 계속되지는 않을 것이라고 말하는 사람도 많다. 개인적으로도 일본에 대한 혐오감을 보여주는 한국 사람이 많진 않다. 그럼에도 양국 간 외교 마찰이 해소될 기미는 잘 보이지 않고, 불매운동의 영향도 이번에는 얼마나 계속될지 예측하기 어렵다.

'백색국가 제외', 한국은 이렇게 해석했다

내가 이번에도 불발로 끝나리라고 예측한 것은 아니었지만, 그래도 '빗나간' 느낌이었다. 할 수 없지, 왜 이번엔 불매운동이 성과가 있었을까를 8월에 서울에서 취재했다. 그 전까지의 불매운동이 불발로 끝났었던 이유에 대해서는 거의 모든 사람들의 견해가 일치했다. '위안부' 문제나 교과서 문제에 대한 반발은 정치적인 것이지 일반국민으로서는 '자신들의 문제'라고는 느껴지지 않았다는 것이다. 그래서 운동단체가 요란한 퍼포먼스를 해도 보통 사람들은 별로 관심을 두지 않았다. 그런데 이번에는 달랐다.

내가 들은 견해 중에서 나름대로 납득할 만한 것은 네 가지였다.

① 한국의 주력산업이 표적이 되었기 때문에 자신의 생활에도 악영향이 있지 않을까 걱정했다.

② 한국인은 강제징용 문제에 관심을 갖고 있지 않았기 때문에 일본의 조치는 뒤통수를 때린 것이나 다름이 없었다.

③ 일본이 우격다짐으로 한국을 제압하려 한다고 느꼈다.

④ 촛불집회라는 성공체험과 SNS에 의한 정보 확산.

어느 하나가 결정타라기보다는 여러 요소가 복합적으로 작용했다고 보는 것이 맞을 것이다.

하나씩 살펴보자. 한국 경제에 대한 공격이라고 받아들여졌기 때문이라는 ①은 이해하기 쉽다. 한국의 주력산업인 반도체산업이 흔들리면 그렇지 않아도 나빠지고 있던 경기가 더욱 얼어붙을 것이다. 그로 인해 자신의 생활에도 악영향을 끼칠 것이라고 생각하면 화가 나는 것도 당연하다.

일본의 조치로 뒷통수를 맞은 것 같다는 ②는 일본 독자들에게 설명이 필요한 대목이다. 일본에서는 크게 보도되어왔던 강제징용 문제였지만 한국에서는 큰 관심을 끌지 못했다. 강제징용 소송의 원고대리인 변호사도 만났는데,

당시에도 그의 입에서는 "한국에서는 관심을 끌지 못하고 있다"라는 말이 나오는 형편이었다. 실제로 일본 규탄 집회가 열린 날 오전에 서울시청 앞 광장에서 열린 강제징용 문제의 조기 해결을 호소하는 집회의 참가자는 600명 정도였다.

강제징용 문제로 일본이 초조해져서 한일관계가 악화하고 있다는 사실을 알지 못하는 사람에게는 일본이 갑자기 터무니없는 공격을 했다고 보인다. 이유를 들어도 강제징용 문제에 관한 지식이 없기 때문에 "뭐야 이거?"라고 느끼는 것이다.

일본이 우격다짐으로 한국을 제압하려는 것이라는 ③은 청와대나 정부부처들, 외교전문가들 사이에서 널리 공유되고 있다. 한국이 경제적으로 힘이 생겨서 일본을 따라잡으려 하고, 꼭 일본을 추월하려고 하기 때문에 지금 당장 한국을 두들겨 패지 않으면 안 된다는 것이 일본의 속셈이라는 것이다.

일본 정부의 발표 직후에 내가 일본의 한반도 전문가들과 의논했을 때에도, "총리 관저에서 우격다짐으로 한국을 굴복시키려는 것이 아닐까"라는 견해가 나왔다('총리 관저'는 한국의 청와대에 상응하는 조직이며 청와대와 같이 건물 이름으로 통한다. 총리와 관방장관의 집무실이 있고 그 밑에 각 부처에서 파견 나온 엘리트 관료들이 포진한다. 그냥 '관저'라고 부를 때도 많다).

　나도 '우격다짐'이라는 생각에는 동의하지만, 이 '우격다짐'론에는 한국과 일본 사이에 위험한 엇갈림이 있다. 나를 포함한 일본의 전문가들은 "총리 관저는 한국의 국력을 잘못 보고 있다. 한국이 약소국이었던 옛날 이미지를 그대로 간직한 채, 간단하게 굴복시킬 수 있다고 생각하는 것은 아닐까"라며 걱정했다. 즉 한국 측이 생각하는 것처럼 "한국에 따라잡힐까 봐 상황이 더 나빠지기 전에 대응해야 한다"는 감각과는 좀 다르다.

　촛불집회의 성공체험이라는 ④와 관련해서는, 문재인 정권의 지지층은 시민 한 사람 한 사람이 참가한 촛불집회가 끓어올라서 탄핵을 성공시켰고 정권을 탈취할 수 있었다는 감각을 갖고 있다. 그래서 이번에도 한 사람 한 사람이 참가하는 불매운동으로 일본에 대한 반발을 표현할 수 있다고 생각했던 것이다. 최근 수년간 SNS가 폭발적으로 보급된 것이 이러한 운동을 뒤에서 밀어주었다.

　나아가 일본 이상으로 강한 한국 사회의 '동조압력(同調

壓力)'도 요인의 하나일 것이다. 강남의 번화가에 있는 한 일본식 레스토랑에서는 "접대나 모임의 예약이 들어오지 않게 된 것이 뼈아프다. 매출은 20% 정도 떨어졌다"고 한탄했다. 모임의 간사 입장에서는 "이 시국에 일식집이라고?"라는 말을 듣고 싶지 않은 것이다. 그 식당에서는 그때까지 인기였던 프리미엄 몰트 생맥주 주문이 격감했다고 한다. 한국인 경영자는 "주위의 낯빛을 살피고 있는 느낌이다. 홀이 아닌 방으로 들어간 손님들은 프리미엄 몰트를 주문한다"고 말한다.

인스타그램의 영향도 무시할 수 없다. 젊은 사람들은 여행지에서 인스타그램에 사진 올리는 것을 즐기는데, 일본여행 사진을 올리기 어려운 분위기라서 그럴 바에는 다른 나라로 여행 간다는 것이다.

40대의 한국 신문기자는 "40대 이상의 사람이 일본여행을 가지 않기로 했다면 그건 대개 불매운동에 참여한 것이겠지만, 20대나 30대는 인스타그램 때문일 것"이라고 말했다. 다만 일본을 방문하는 한국인이 최근 몇 년 사이에 급증하는 추세였기 때문에, '전년대비 반감'을 평가하는 데 애매한 점도 있다. 일본을 찾는 한국인 수는 2014년에 275만 명이었다가 이듬해부터 400만 명(2015), 509만 명(2016), 714만 명(2017), 753만 명(2018)으로 급증하고 있었다. 특히 2016년 이후에는 주한미군의 사드 배치 문제로 인한 외교 갈등 속에서 중국이 사실상의 경제제재를 취한 것에 대한 반감이 한국에서 고조되어 한국인 관광객의 발길이 중국에서 일본으로 방향을 바꾼 측면도 있었다고 한다.

'NO 아베라면 이성적인 대응'이라는 착각

일본의 수출규제 강화에 대한 반발이 이렇게까지 강하게 나온 것은 아베 정권으로서는 예상하지 못했던 일이었다. 강제징용 소송에서 한일 청구권협정에 반하는 확정판결이 나왔음에도 방치하고 있던 문재인 정권에 애가 타서 제대로 된 대응을 해달라고 촉구하는 '알람' 정도로 생각하고 있었기 때문이다.

총리 관저는 2018년 10월 한국 대법원의 확정판결이 나오자마자 한국을 압박하기 위한 대응조치를 생각하도록 각 부처에 지시했고, 경제산업성이 내놓은 안이 수출규제 강화였다. 경제산업성도 관료들은 소극적이었던 것 같은데 결국은 총리 관저에서 결정했다고 한다.

2019년 7월 1일 발표 직후에 만난 일본 정부 고위 관계자는 '이번 조치를 선택할 때 고려한 것'으로 네 가지를 들었다. 일본으로 오는 한국인 관광객 흐름에 악영향을 주지 않을 것, 일본 기업이 입을 피해를 최소화할 것, 한국의 국민을 적으로 만들지 말 것, 국제법에 위반되지 않을 것 등이다.

그 시점에서 일본 정부는 아직 한국의 반발을 가볍게 보고 있었던 것 같다. 그는 "한국의 반도체 생산에 차질이 생기지는 않을 것이다. 경제산업성도 수출을 멈추게 하려는 것은 아니니까"라고 말했다.

8월 초에는 방콕에서 한일 외교장관회담이 열렸고, 수출 규제나 강제징용 문제가 의제가 되었다. 안보 문제를 담당하는 일본 외무성 고위 관계자는 그때 내게 "사전에 준비되는 서류에 군사정보포괄보호협정(지소미아)은 들어 있지 않았다. 미국도 파기하지 말라는 입장이라 괜찮을 것이다"라고 말했다. 한국이 지소미아 종료를 일본에 통보하기 전에 만난 아베 정권의 장관도 "강제징용 소송에 제대로 대응해주기만 하면 수출규제 문제쯤이야 대단한 이야기도 아니다"라고 말하는 형편이었다.

한반도 정세에 정통한 지역전문가들의 견해를 무시하면서 결정했기 때문이겠지만 한국 측의 반발은 전혀 예상하지 못했다는 것이다. 다만 착각이랄까, 상대의 사정을 모른다는 점에서는 한국 측도 오십보백보다.

좋은 예가 'NO 아베'라는 슬로건이다. 한국에서는 아베 정권에 'NO'라고 말하는 것은 일본 전체를 적으로 삼는 것이 아닌 '이성적'인 대응이라고 보는 시각이 일반적이었다. 수출규제를 하더라도 한국 국민을 적으로 돌리지는 않을 것이라고 생각한 일본 정부와 별 차이가 없는 인식이다.

수출규제에 대한 반발에 관해서는 한국에서도 '지나친 반일'을 문제시하는 시각이 보수 언론을 중심으로 당초부터 있었다. 예컨대 여당 소속의 서울 중구 구청장이 '보이콧 저팬'이라고 쓰인 현수막을 가로등에 건 것에 대해 '지나치다'는 비판이 쇄도했고, 구청장은 사과와 함께 현수막을 철거해야만 했다. 그것을 계기로 'NO 저팬이 아니라 NO 아베'라는 흐름이 생겼다고 한다. "NO 저팬이 아니다"라면서 불매운동을 전개하는 것은 모순된다고 생각하지만,

어쨌든 슬로건은 'NO 아베'였다.

그 흐름은 계속되었다. 고베대학의 기무라 간(木村幹) 교수가 9월 말에 참가한 서울 교외에서의 심포지엄에서, 이재정 전 통일부장관은 "아베 정권이 우리에게 부당한 압력을 가하고 있다"라고 주장했다고 한다.

기무라는 여당의 고위 인사들을 포함해서 거기에 있던 대다수가 "수출규제 강화 이후의 상황을 단순하게 '극우' 아베 정권의 시책에 의한 것이라고 생각하고 있으며, 그렇기 때문에 아베 정권만 존재하지 않으면 문제는 쉽게 해결된다고 믿고 있었다"라고 말했다(《뉴스위크》 일본 인터넷판). 한국 현황에 대한 기무라의 관찰은 정확할 것이다.

그러나 실제로는 진보적인 일본 야당인 입헌민주당의 국회의원조차 "많은 지지자가 한국에 대한 불만을 토로한다"라고 하는 것이 일본 사회의 현실이다. "혐한을 주도하는 아베 정권만 없어지면 괜찮아질 것"이라는 관측은 한국 측의 희망에 불과하다.

《마이니치신문》이 9월에 실시한 여론조사를 봐도 그것을 알 수 있다. 수출규제의 악영향에 관한 보도를 흔히 보게 된 시기임에도 불구하고 한국을 수출관리 우대국인

'백색국가(그룹 A)'에서 제외한 것을 '지지한다'는 응답이 64%였고, 당시 아베 정권 지지율(50%)보다 높았다.

같은 달《아사히신문》의 여론조사에서는 한국을 '좋아한다'고 응답한 사람 중에서도 아베 정권의 한국에 대한 자세에 대해서는 '지지한다'와 '지지하지 않는다'가 모두 39%로 갈라졌다. 그 배경에 있는 것이 '한국 피로(韓国疲れ)'라고 평론되는 현상일 것이다('한국 피로'란 일본 관련 이슈마다 식민지배 문제를 제기하고 끊임없이 사죄를 요구하는 한국에 대해 일본인이 느끼는 피로감을 이르는 용어다―옮긴이).

나는 당초부터 수출규제에 반대하는 입장을 선명하게 밝혔던 사람이지만, 그럼에도 일본 사회에 한국에 대한 불만이 널리 퍼져 있는 것은 어쩔 수 없는 일이라고 생각한다. 최근 몇 년 사이 일본에 대한 한국의 언동은 일본의 상식으로는 이해하기 힘든 점이 많았기 때문이다. 한국의 상식에서는 이해할 만하다 해도, 애초에 '상식'은 사회에 따라 다르다. 그 점이 양국에서 제대로 인식되지 못하고 있다. 여기에 문제의 근원이 있다.

'NO 아베'를 부르짖는 한국 사람들에게 일본의 '한국 피로'라는 현실은 보이지 않는다. 그리고 그들은 아베를 비판하는 일본인들이 아베 정권의 모든 정책에 반대한다고 믿는다. 한국에서는 아베에 대해 '극우', '혐한'이라는 이미지를 강하게 갖고 있고, 한국의 정치문화는 아주 첨예한 대립으로 가기 쉽기 때문에 일본 역시도 그런 식이리라 오해하는 것 같다.

더욱이 골치 아픈 것은 한국과 일본의 법에 대한 의식 차이가 충돌의 원인이 되고 있다는 점이다. 일본에서는 '법률이나 약속을 지키는 것'이 중시되는데 한국에서는 '법률이나 약속이 옳은지 아닌지'를 중시한다. 옳지 않다면 '바로잡아야 하는' 문제가 되는 것이다.

강제징용 소송 문제는 이런 의식 차이 때문에 어려운 것이다. 누가 일본 총리가 되든 간단한 이야기가 아니다.

다만 이것은 한국 측만의 문제는 아니다. 일본 정부 인사들 가운데에도 "한국의 차기 정권에 기대하자"고 말하는 사람이 있는데, 그것도 문제의 본질을 이해하지 못함을 보여줄 뿐이다. 한국의 차기 정권이 보수파가 되더라도 본질적인 어려움은 아무것도 변하지 않는다. 보고 싶은 것만 보는 것은 한국이나 일본이나 마찬가지다.

사실은 관심이 낮은 '위안부' 문제

일본제품 불매운동이 실패의 연속이었다는 칼럼을 쓴 이유 가운데 하나는 한일관계에 대한 감정적인 반응이 지나치게 강하다는 평소의 걱정이었다. 이웃나라와의 관계는 어려운 것이 당연하고 냉정하게 대처하지 않으면 서로에게 피해만 가져오기 때문에 침착하게 생각하기 위한 자료를 제공하려고 한 것이다.

그렇게 생각하는 데에는 이유가 있었다. 나는 2015년 봄, 두 번째 서울 근무를 마치고 도쿄 본사로 돌아왔다. 박근혜 대통령이 '위안부' 문제 진전을 최우선 과제로 삼아서 한일관계는 아주 나빠졌고, 그것을 두고 보지 못하겠다는 미국의 중개로 한일 양국 간에 '위안부' 문제에 관한 대화가 막 시작된 시기였다. 한일관계가 크게 움직인 '위안부' 합의가 이루어진 것은 같은 해 연말이었다.

나는 귀국해서 3년간 논설위원으로서 한반도 문제에 관한 사설 등을 담당했다. 사설은 논설위원에 의한 논의의 결과를 담당자가 정리하는 형태로 작성된다. 당시에도 한일관계는 '국교정상화 이래 최악'이라고들 했기 때문에 사내에서뿐 아니라 밖에서도 심포지엄 등을 통해서 한일관계를 논의하는 기회가 많았다.

그런 가운데 내가 당황스럽게 느낀 것은 '위안부' 문제에 대한 일본 사람들의 관심이 너무 높다는 것이었다. 논설회의에서 논의가 뜨거워지는 일도 있었고, 사외에서의 심포지엄이나 강연에서는 한국에 대해 더 이상 참을 수 없다는 느낌으로 감정적인 질문을 하는 청중을 쉽게 볼 수 있었다. 고등학교 동기 모임에서 친구가 어떻게 된 거냐고 내게 질문공세를 퍼부은 일도 있었다.

반면 한국에서는 신문이나 TV에서 보도는 되지만, 일반인으로부터 '위안부' 문제나 한일관계에 대해서 질문받는 일은 없었다. 수년 전에 한국인 북한 연구자가 "많은 한국인은 통일 문제에 관심이 있냐는 질문을 받으면 있다고 답한다. 그러나 평소에는 통일에 대한 생각 같은 건 없다. 그런 정도다. '위안부' 문제와 똑같다"라고 투덜거리는 것을 들은 적이 있는데 정말 그런 느낌이다.

'일본대사관 부지 앞'의 수요집회를 보더라도 평소 참가자는 수십 명에 불과하며 1000명을 넘는 것은 몇 년에 한 번 꼴이다.

나의 칼럼을 '왜구' 취급한 2019년 8월 15일의 집회에는 1만 명(경찰 추산) 정도 모였는데, 바로 옆에서 열린 문재인 하야를 외치는 보수파 집회 참가자가 확실히 더 많았다. 보수파의 집회는 낮부터 인접지역 몇 군데에서 열렸는데 그 가운데 규모가 가장 큰 집회의 참가인원은 약 3만 명(경찰 추산)이었다. 박근혜 탄핵이라든가 조국 법무장관 사임을 요구한다든가 "조국 장관을 지키자"라고 외치는 집회에 주최자 발표로 100만 명 이상, 낮게 잡아도 수십만 명이 참가한 것과 대비되는 숫자다.

　내가 서울 근무 중에 본 집회에서도 세월호나 사드 배치 반대 등의 이슈라면 즉각 수만 명 규모가 모였다. '일본'이라는 키워드가 갖는 동원력은 이들에 비하면 분명 떨어진다. 자릿수가 다른 것이다.

　이런 에피소드도 있었다. '위안부' 합의의 검증결과를 설명하기 위해 강경화 외교부장관이 2017년 말 일본을 방문해 고노 다로(河野太郎) 외상과 회담했다. 일본에서는 톱뉴스급으로 다루었지만, 한국 언론에서는 일본 언론의 3분의 1에서 4분의 1 정도로 크게 다루지 않았다.

　이튿날에 만난 일본 외무성 고위 관계자에게 한일 언론

의 차이에 대해 말을 했더니 그는 "한국 언론들도 톱뉴스로 많이 보도하는 줄 알았다"라고 답해왔다. 현지 보고도 받는 사람이었기에 왜 그렇게 인식하고 있는지 의아해서 후배인 서울 특파원에게 알아보라고 했다. 그러자 "한국 여론에서 '위안부' 문제가 관심을 끌지 못한다는 보고를 올리면 도쿄의 외무성이나 총리 관저에서는 '성과를 내지 못해서 하는 변명'이라고 단정해버린다. 그래서 대사관이 제대로 된 보고서를 올리지 못한다고 한다"라는 것이었다. 최근 그래서는 안 된다고 자성하는 인식이 나오고 있는 것 같은데, 적어도 수년 전까지는 그런 분위기였다.

한국의 지상파 TV에서 일본 노래나 드라마가 아직도 방송되지 못하는 상황에 대한 인식도 한일 간에 벌어진 틈을 보여주는 전형적인 사례다. 일본 측은 매우 신경을 쓰는데 한국 측은 일본이 왜 그런 것을 신경 쓰는지 이해하지 못한다. 그러한 한국 측의 태도는 일본 측을 낙담시키며 일본 측에 불신감을 심어준다. 배경에는 양국 미디어 시장의 차이가 있다. 일본에서는 아직도 지상파 TV의 영향력이 크며 상징적인 의미가 있다고 생각한다. 젊은 사람들은 다르겠지만 정책 결정에 관여하는 세대는 그렇다. 한편 한국에서는 케이블 TV나 인터넷을 경유한 IPTV의 보급률이 오래 전부터 90%를 넘는다. 지상파 채널도 케이블 TV를 경유해서 보는 사람이 대다수라 왜 지상파만 특별하게 취급하는가를 이해하지 못한다는 것이다.

일본의 '언론 NPO'라는 시민단체가 한국의 동아시아연구원과 공동으로 개최하는 '한일미래대화'라는 심포지엄이 도쿄에서 열렸을 때, 일본인 청중으로부터 지상파 TV에서 일본 드라마 방송은 어찌 되고 있는가 하는 질문이 나온 적이 있다. 한국 측 출석자의 답변은 "일본 드라마나 노래를 전문으로 방송하는 채널도 있다"였다. 하지만 사정을 모르는 일본인 질문자는 대답하기 어려우니까 초점을 흐린다고 본 듯했다.

한국 측에서도 일본전문가는 일본 측의 사정을 알고 있다. 그러나 한국에서 그런 점을 설명해도 일본의 사정을 이해하려고 하는 사람은 거의 없다는 것이다. 지상파에서 일본과 같은 상징성, 중요성 따위를 찾으려 하지 않는 한국 입장에서 보면 뭐가 문제인지 전혀 알 수 없는 이야기인 것이다.

과대평가된 반일 '위안부' 단체

일본 사람이 너무 많은 관심을 갖기 때문에 한국 상황을 오해하는 것 중 하나가 '일본군 성노예제 문제 해결을 위한 정의기억연대(정의연)'의 동원력이다. 일본대사관 앞에 소녀상을 세우고, 매주 수요일 낮에 항의집회를 열어온 단체다. 일찍이 여론을 움직이는 커다란 힘을 갖고 있었던 것은 틀림없다. 지금도 한국 언론이 일본 측 주장을 제대로 다루기 어렵게 만드는 등 사회적 터부를 만들어내는 힘은 크지만, 여론을 움직이는 힘이라는 관점에서 보면 이야기가 달라진다.

앞에서도 썼듯, 2015년에 두 번째 서울 근무를 마치고 귀국한 나는 '위안부' 문제에 대한 일본의 높은 관심에 당황스러움을 느꼈다. 한국 여론이 관심을 갖지 않는다고까지는 말할 수 없더라도 열기는 일본보다 훨씬 낮다는 것이 솔직한 소감이다. 그러한 인식은 양국을 관찰하는 사람들 사이에서는 일반적인데 어디까지나 체감일 뿐이어서 증명하기는 어렵다.

비공식적인 간담회 등에서 이런 지적을 하면 한국의 정

부관계자나 기자는 "한국 여론의 관심이 일본보다 낮다"라는 말을 듣는 것이 불편한 듯 열띠게 반론을 펼친다. 대개는 감정적인 반발에 불과한데 나도 집회 규모 이외에는 근거가 없어서 곤란하긴 했다.

그런 것을 생각하던 중에 기사를 하나 발견했다. 2018년 2월의 일이다. 정대협이 청와대 '국민청원'을 제출했다는 《중앙일보》 인터넷판의 짧은 기사였다(국민청원을 제출한 주체는 정의연으로 개명하기 전의 정대협이었다).

청원은 "문재인 정부는 2015 한일 합의에 대한 정부의 기본 처리 방향에 따라 화해치유재단을 하루 빨리 해산하고 10억 엔을 반환해야 한다"라는 것이었다.

청원이 올라온 지 3일째 저녁에 이 기사를 읽은 나는 청와대 사이트를 확인하고서 놀랐다. 그때까지 서명한 사람이 826명뿐이었던 것이다. 과연 30일간 얼마나 증가할까. 나는 이튿날부터 매일 아침 국민청원 사이트를 확인했다.

'국민청원'은 문 정권이 처음 시도한 것이다. 미국 백악관이 운영하는 유사한 사이트를 참고로 한 것인데, 필요한 서명은 백악관이 10만 명이고 청와대는 20만 명이다. 청와대 담당자에게 물어보니, 미국에서는 전용 사이트에 실명으로 등록하지 않으면 안 되는데 청와대 사이트는 외부의 SNS 계정을 이용해 서명하는 방식이기 때문이라고 한다. SNS 계정을 여러 개 이용해서까지 서명하는 사람이 많지는 않겠으나, 어쨌든 한 사람이 여러 번 서명하는 것이 가능하므로 필요한 서명 수를 늘렸다는 것이다. 조직적인 동원으로 보이는 대량 서명이 짧은 시간에 집중되는 일도 있는데 그럴 때에는 조직적인 접속이 없었는지 분석한다고 한다.

정대협 청원에 대한 서명의 추이는 어땠을까? 닷새째 아침에 체크하니 전날 아침보다 140명 늘었다. 그 후, 3·1운동 기념일인 3월 1일과 그다음 날인 2일에 각각 200명이 넘는 증가를 기록했다. 그런데 하루에 100명 이상 증가한 것은 이 세 번뿐이었다. 물론 내가 최초로 확인한 시점에 800명을 넘기긴 했지만, 그렇다 하더라도 찬동이 쇄도했다고 말하긴 어렵다.

너무 저조한 추이에 이상하게 생각한 나는 서울지국의 스태프에게 수요집회에 가서 상황을 알려달라고 부탁했다. 현장에 가보니 전단지 하단에 해당 청원 페이지의 QR코드를 찍어놓고 서명을 호소하고 있었다 한다.

서명 접수 마감이 일주일 앞으로 다가온 3월 14일의 집회에서는 간부가 마이크를 들고 청원의 내용을 소개하면서 "20만 명이 모이면 청와대가 우리 청원에 답변한다. 21일까지 일주일 남았다. 그때까지 20만 명이 모이지 않으면 끝이다. 여기 계신 많은 분들이 참가해주시기를 부탁드린다"라고 호소하고 있었다 한다.

이튿날 아침에 확인해보니 전날보다 늘어난 것은 4명뿐. 집회 참가자도 100명이 채 되지 않았다는데, 어쨌든 반응이 약하다고 하지 않을 수 없었다. 결국 30일 동안에 모인 서명은 1919명이었다. 그때까지 집회 참가자를 보고 정대협의 동원력 저하를 느끼고는 있었지만 이 숫자는 정말 놀라웠다.

나는 그 후 한일 양국의 외교관이나 연구자들에게 청원에 대해 설명하면서 몇 명 모였다고 생각하냐고 물어봤는데 돌아오는 대답은 자신 없는 듯 "5만 명? 10만 명?"이 대부분이었다. 1만 명 이하라고 생각한 사람은 한 명도 없었다. 그제서야 일본인들이 정대협의 영향력을 과대평가해왔음을 깨달았다.

1990년에 결성된 정대협은 한국 사회에 '위안부' 문제에 대한 관심을 갖게 만드는 데에 큰 힘을 발휘했고, 한국 정부의 정책 결정에도 영향을 주었다. 다만 내가 서울 특파원이 된 1999년 가을에 '위안부' 문제는 이미 한일 양국의 외교적 현안 취급을 받지 못하고 있었다. 이에 대해서는 우선 개인적 체험부터 소개하겠다.

나는 1999년 10월부터 4년 반, 2011년 5월부터 4년간 서울 특파원을 지냈다. 《마이니치신문》의 기사 데이터베이스에서 검색하면 그동안 내가 쓴 '한국'이라는 단어가 포함된 기사는 첫 번째 근무 때 1492개, 두 번째가 610개다. 그런데 '위안부'라는 단어가 들어간 기사는 첫 번째 때 8개, 두 번째 때 69개였다. 게다가 첫 번째 근무 때 쓴 그 8개 기사 중에서 6개는 교과서 문제에 관한 기사로, 다른 역사 문제의 덤으로 '위안부'라는 단어가 사용된 것에 불과했다. '위안부' 문제가 주된 테마라고 할 수 있는 것은 "아시아 여성기금을 종료시켜야 한다"는 한명숙 당시 여성부장관의 인터뷰뿐이었다. 한국에 관한 기사를 1500개 가까이 썼는데 '위안부' 문제를 정면에서 다룬 것이 단 하나뿐이라는 말이다.

일본에서는 2000년에 '위안부' 문제를 시민단체가 재판한다는 '여성 국제 전범법정'이 열렸는데, 부끄럽게도 나는 당시 전혀 몰랐었다. 내가 그것을 알게 된 것은 '법정'을 다룬 NHK 프로그램에 대한 정치인의 개입 의혹이 일본에서 보도되었을 때였다. 같은 해에 사상 처음으로 남북정상회담이 열려서 남북관계가 급진전하고 있었기 때문에 나를 포함한 언론의 관심은 남북 문제에 집중되었고 '위안부' 문제에 대한 관심은 높지 않았다.

상황이 변한 것은 한국의 헌법재판소가 '위안부' 문제 해결을 위한 외교 노력을 한국 정부가 다하고 있지 않는 것은 위헌이라고 판단하고, 정대협이 연말에 일본대사관 앞에 소녀상을 세운 2011년이다. 소녀상을 세움으로써 정대협이 상황을 크게 움직였다고 할 수 있다.

그러나 그 전 10여 년 동안은 한국 여론의 관심을 많이 끌지 못했다. 그 점을 생각하면, 극히 적었던 국민청원의 서명 수가 새삼 놀랄 것이 아니었을지도 모른다.

《조선일보》, 《마이니치신문》, 《아사히신문》, 《요미우리신문》의 데이터베이스에서 '위안부'라는 단어가 들어간 기사를 조사해보니 각 신문 모두 같은 경향을 보였다〈도표 1〉.

1990년대 중반에 많았는데 2000년을 전후하여 저조해

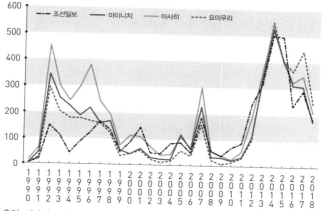

〈도표 1〉한일 4개 신문사의 '위안부' 기사 추이

출처: 저자의 조사

졌고, 2012년 이후에 다시 급증한다. 예외적으로 돌출한 2007년은 미국 하원에서 일본을 비판하는 '위안부' 결의가 채택되었던 해다.

청원 이야기로 돌아가자. 1919명이라는 숫자에 놀란 나는 정대협의 윤미향 상임대표에게 "왜 서명이 이렇게 적은가?"라고 전화로 질문을 던졌다. 돌아온 대답은 "(청원을 제출한 때가) 평창 동계 올림픽 기간 중이었기 때문에 조용히 하자고 했다. 청원을 제출했다고 보도되면 되는 것으로,

서명을 모으기 위한 활동은 열심히 하지 않았다. 수요집회에서도 경과보고를 한 정도였다. 북한 핵문제도 있었고"라는 것이었다. 아마 사람마다 이 설명을 다르게 받아들일 것이다.

그 말을 듣자 20대 후반의 한국인 기자와 그 전 해 여름에 나누었던 대화가 떠올랐다. 회사 파견 연수로 일본에 체재하던 그는 비어가든에서 생맥주 잔을 기울이면서 "한국의 젊은 사람들 가운데 '위안부' 문제에 관심을 갖고 있는 사람은 아주 적다. 그래서 시간이 흐르면 더 이상 외교적인 문제가 되지 않을 것이다"라고 말했다. 술김에 나온 본심일 것이다. 그러나 일본에 관심을 가진 한국인 기자로서는 위험한 인식이다. 나는 "한국에서 일반적으로 관심을 갖지 않는 것은 확실하지만 그렇다고 외교 문제가 되지 않는 것은 아니다"라고 반박했다.

'위안부' 문제는 역시 일단 문제가 되면 감정을 자극하기 쉽다. 특히 한국에서는 '어리고 애처로운 소녀'가 희생되었다는 이미지가 강하다. 그러한 이미지가 국민감정을 강하게 자극하는 것은 일본을 포함해 어느 사회에서나 마찬가지이고, 그러한 구도 자체는 지금도 변하지 않았다.

'위안부' 문제는 앞으로도 신중한 접근이 필요한 이슈이며, 그러한 자세는 특히 양국의 정치인이나 정부관계자에게 요구된다. 다만 그때에는 냉정하게 '사실을 가리는 일'이 반드시 필요하다. 일본 측이 한국 여론의 실상을 오해해서 과잉반응하면 상황이 더욱 악화되는 악순환에 빠질 수도 있다. 그렇게 되지 않기 위해서 한국의 '평열(平熱, 건강한 평상시의 체온―옮긴이)'이 어떠한지 제대로 알아두어야 할 것이다.

3장

강해진 한국이
내민 도전장

강제징용 판결의 충격

한일관계가 극도로 악화된 결정적인 계기는 한국 대법원이 2018년 10월 30일에 내린 강제징용 소송의 판결이다. 2차 세계대전 때 일본 기업에서 일했던 강제징용 피해자들이 제기한 손해배상 청구소송에서 피고인 일본 기업에 총 4억 원의 배상 지불을 명령한 2심 판결을 지지해 확정시킨 것이다.

원고 패소였던 고등법원 판결을 파기 환송시킨 2012년의 대법원 판단에 따라 재심하게 된 재판이라서 원고 승소로 끝나는 것은 당연한 결론이라고 볼 수도 있다. 다만 이 판결에 대해서는 한국 내의 법률전문가들 사이에서도 이론이 많았다. 판결 기일을 앞두고 한국 언론에서는 국제법과 맞지 않는 것 아닌가, 걱정하는 전문가들의 견해가 보도되기도 했다.

어떤 한국 신문의 베테랑 사법 담당 기자는 "국제법 전문가 중에 일본 기업 패소가 타당하다는 사람은 거의 없었다. 다만 다른 의견을 갖는 법학자가 일부 있었다"라고 말한다. 말하자면 대법원은 소수 의견을 채택했다는 것이다.

소수 의견의 배경에는 다음과 같은 사고방식이 있다고 한다. "국제법이란 결국 강대국의 입맛에 맞추어 정해지고 변경되어왔다. 룰을 정하는 틀 밖에 놓인 약소국가 가운데 기존질서에 도전할 만한 힘을 갖게 된 나라는 한국밖에 없다. 그렇다면 한번 해볼 가치가 있지 않겠는가."

문제가 된 것은 1965년 한일 국교정상화 때 체결된 한일 기본조약과 청구권협정이었다. 청구권협정은 일본이 한국에 무상 자금 협력(증여) 3억 달러, 유상 자금 협력(장기저리 대여=엔 차관) 2억 달러 등 총 5억 달러를 제공한다고 정하고 (제1조), 일제 강점기의 청구권 문제는 "완전히 그리고 최종적으로 해결된 것이 된다는 것을 확인한다"고 했다(제2조).

노무현 정권이던 2005년에 협정이 미치는 범위를 '민관 공동위원회'에서 재검토한 한국 정부는 강제징용 문제는 해결이 완료되었다고 정리했다. 무상 자금 협력 3억 달러에 대해, "개인재산권(보험, 예금 등), 조선총독부의 대일채권 등 한국 정부가 국가로서 갖는 청구권, 강제동원 피해보상 문제 해결 성격의 자금 등이 포괄적으로 감안되어 있다고 보아야 할 것"이라고 결론을 내렸던 것이다. 국교정상화 교섭 중에 한국은 8개 대일청구권을 요구했는데, 거기에 '피징용 한인의 미수금, 보상금'이 들어 있었기 때문이다. 한편, '위안부' 문제에 대해서는 '일본 정부, 군 등 국가권력이 관여한 반인도적 불법행위'이기에 청구권협정으로는 해결되지 않았다고 했다. 당시 청와대 민정수석이었던 문재인 대통령은 위원회에 정부위원으로서 참가했다.

민간위원으로서 검토 작업에 참가했던 전문가는 내게 "강제징용 피해자들에 대한 보상 문제는 한국이 책임지고 한다고 선언함으로써 일본에 대해 도덕적 우위에 설 수 있으며, '위안부' 문제에서 강한 요구를 할 수 있다고 판단되었다"고 말했다. 그때 사할린 잔류 한국인과 한국에 사는 원폭 피해자 문제도 청구권협정 대상에 포함되지 않았었다고 판단되었다.

그런데 2018년 대법원 판결은, "이 사건에서 문제 되는 원고들의 손해배상청구권은, 일본 정부의 한반도에 대한 불법적인 식민지배 및 침략전쟁의 수행과 직결된 일본 기업의 반인도적인 불법행위를 전제로 하는 강제동원 피해자의 일본 기업에 대한 위자료청구권이라는 점을 분명히 해두어야 한다. 원고들은 피고를 상대로 미지급 임금이나 보상금을 청구하고 있는 것이 아니고, 위와 같은 위자료를 청구하고 있는 것이다"라고 판시했다.

'위자료'라는 새로운 개념을 끌어냄으로써, '미지불 임금' 등은 청구권협정에서 해결되었다고 인정해왔던 한국 정부의 입장을 해치지 않으면서 일본 기업 패소의 결론을 도출해냈다. 다만 일본의 식민지배가 불법적인 것을 전제로 '위자료'를 청구할 수 있다면 일제 강점기에 일어난 모든 행위가 위자료 청구 대상이 될 수 있다. 사전에 예상했던 것 이상으로 충격적인 판결이었다.

1910년 한일병합조약의 정당성 여부는 국교정상화 교섭에서 최대 쟁점이었다. 일본 측은 '당시 국제정세하에서는 합법'이었지만, 한국이 1948년 독립국이 되었기 때문에 조약의 효력이 없어졌다는 입장(일본 외무성, 《일한조약에 관하여》)이다. 이에 대해 한국 측은 '처음부터 불법'이었다는 주장을 양보하지 않았다. 양국은 결국 '이미 무효'라는 애매모호한 표현으로 타협했다.

그렇기 때문에 일본 측은 현재의 한일관계의 기반을 정면으로 부정하는 판결이며, "국제법에 어긋난다"고 반발했다. 한편 문재인 정권은 "삼권분립의 관점에서 사법부에 개입할 수 없다"는 원칙을 강조하면서 바로 대응하지 않았다. 그 때문에 일본 측의 불신감은 높아졌고 "한국이 1965년 체제에 도전하려는 것 아니냐"라는 의심이 강해졌다.

한국 신문의 사법 담당 기자가 말한 '소수 의견'은 그야말로 '1965년 체제에 대한 도전'인 셈이다. 그 배경에 있는 것이, 높아진 한국의 위상에 대한 자부심과 '올바름'에 집착하는 한국적인 사고방식이다. 더욱이 문재인 정권이 '촛불혁명으로 탄생한 정권'이라는 성취감이 강한 것도 무시할 수 없다.

일본이 2019년 7월 수출규제 강화를 발표한 데 대해 조국 당시 민정수석이 페이스북에 올린 글을 보면 그런 패기가 확실히 느껴진다. "일본 국력, 분명 한국 국력보다 위다. 그러나 지레 겁먹고 쫄지 말자. 외교력을 포함해 현재 한국의 국력은 1965년 한일청구권협정 체결 시기와는 비교할 수 없을 정도로 성장했다. '병탄(併呑)'을 당한 1910년과는 말할 것도 없다."

'1965년 체제'에 대한 불만을 가진 것은 한국의 보수파도 마찬가지다. 나는 박근혜 정권 때 청와대가 조직한 국가안보자문단의 위원으로부터 "기본조약은 불평등조약이다. 국제법의 조류가 변했기 때문에 재검토해야 한다"는 말을 듣고 놀란 적이 있다.

체결 당시 한일 양국의 외교 역량은 비교가 안 될 정도였기 때문에 일본이 자신에 극히 유리한 내용으로 밀어붙였다는 인식이 바닥에 깔려 있다. 일본의 전문가에게서 조약 개정은 비현실적이지만 "한국 측이 불평등하다고 불만을 갖는 것은 이해할 수 있다"고 듣기도 했다. 그래서 일본에는 세심한 대응이 요구되는 것이다.

역사인식은 외교적 논의 사항이 아니었다

강제징용 문제를 둘러싼 움직임을 간단하게 정리해두고자 한다. 강제징용 피해자를 가리키는 말로 일본에서는 '전 징용공'이라는 단어가 일반적으로 사용되는데, 이는 중일전쟁이 격화한 1939년부터 2차 세계대전이 일본의 패전으로 끝날 때까지의 시기에 동원되어 일본 기업에서 노동하게 된 한반도 출신자를 의미한다.

일본인 성인 남자가 전쟁에 내몰려서 일본 국내의 노동력 부족이 심각해졌기 때문에 일본 정부는 조선 사람들로 구멍을 메우기로 했다. 노동력 동원은 '모집'이라는 형태로 시작되었지만 전황이 악화됨에 따라서 '관 알선'(조정 및 상담에 관청이 개입하고 지도했다는 의미—옮긴이) 또는 '징용'으로 강제성을 강화했다. 징용은 내지(일본 본토)를 대상으로 삼는 국민징용령을 1944년에 '조선반도'에도 적용한다는 형태를 취했다.

강제징용 피해자들에 대해서 일본 정부는 '구 민간인 징용공', '구 민간 징용자'라는 용어를 써왔는데, 2018년 10월 한국 대법원 판결 후에 '구 조선반도 출신 노동자 문제'로 바꾸어 말하게 되었다. 모든 사람이 국민징용령에 의해 징용된 것은 아니라는 의미라고 한다. 다만 '모집', '관 알선'이라고는 하지만 일본 정부가 일본 내지의 탄광 등에 배치할 노동력으로서 조선으로부터 몇 명을 동원할지를 명시한 계획을 작성해, 반도 각지의 행정기관이 사람 모으기에 관여했다.

도노무라 마사루(外村大) 도쿄대학 교수의 저서《조선인 강제연행(朝鮮人強制連行)》에 의하면, 그 당시 어떤 잡지의 좌담회에서 조선총독부 후생국 노무과 직원이 '관 알선'에 대해 "일반 행정기관인 부(府), 군(郡), 도(島)가 제일선 기관으로서 노무자의 모집을 총괄했는데, 모집하기가 매우 어려워서 할 수 없이 반강제로 하고 있다"라고 말했다고 한다.

일본 재판소가 판결에서 인정한 사실을 보면, 모집에 응해 일본으로 왔다가 나중에 '징용'으로 전환된 경우도 있었다. 피해자 2명이 신일본제철(구 '일본제철' → '신일본제철' → 현 '일본제철'로 사명 변경)을 상대로 제기한 소송의 오사카지방재판소 판결(2001)에 의하면, 2명은 1943년에 "오사카 제철소에서 2년간 훈련을 받으면 기술을 습득할 수 있고,

훈련 종료 후에는 조선반도 내의 제철소에 기술자로 취직할 수 있다" 등이 쓰인 신문광고를 보고 지원해 채용되었다. 그러나 그들은 이듬해 2월인가 3월에 오사카에서 현지 '징용'되었다. 일본제철은 당초부터 임금 액수나 내역을 제시하지 않은 데다, 임금의 거의 대부분을 기숙사의 사감이 관리하는 개인명의의 계좌로 입금했다. 원고 2명은 결국 임금의 대부분을 끝내 받지 못했다. 그리고 그 두 사람은 2018년 10월 한국 대법원에서 승소했다.

근로정신대로서 미쓰비시중공 공장에서 일했던 여성들이 나고야지방재판소에 제기한 소송의 판결(2005)에서는 교장이나 헌병에게 "일본에서 일하면 돈도 벌 수 있고 여학교에도 다닐 수 있다"고 권유받았지만, 실제로는 공장에서 가혹한 노동을 시켰을 뿐이었다는 사실이 인정되었다. 자유로운 외출은 금지되었고, 편지는 검열되었기 때문에 친가에 어려움을 호소하는 편지를 쓸 수도 없었다.

일본인 성인 남자가 징병된 사정으로 인해, 특히 탄광노동자가 많이 부족해졌다. 그 구멍을 메운 것이 조선인 노동자였다. 도노무라의 저서에 의하면 조선인 노동자 가운데 많은 사람들이 탄광에 배치되었는데, 1944년 6월 시점까지의 통계로는 전체의 62%가 탄광, 11.4%가 탄광이 아닌 광산에 배치되었다. 자발적으로 일본에 건너온 조선인을 포함하는 숫자이긴 하지만 군수성연료국(軍需省燃料局) 조사로는, 탄광노동자 중에서 조선인이 점하는 비율은 같은 해에 33%였다고 한다(앞의 책).

현재 상황으로 보자면 강제징용이나 '위안부' 문제는 2차 세계대전 직후부터 한일 간의 외교적 논의 사항이었다고 생각할지도 모르지만, 그것은 완전한 오해다. 강제징용 노동자의 미지불 임금은 국교정상화 교섭에서 다루어지기는 했지만 그 후에는 잊혔다. 역사 문제가 외교의 주 무대에 등장하게 된 것은 1982년 교과서 문제 이후의 일이다. 강제징용이나 '위안부' 문제에서 움직임이 나타난 것은 더욱 늦은 1990년 이후다.

고베대학의 기무라 간 교수는 한일 양국 간 역사인식 문제의 전개를 세 시기로 나눈다. 제1시기는 1945년부터 1950년대 또는 1960년대 전반 무렵까지, 제2시기는 그 이후 1980년대 전반기 무렵까지, 그리고 제3시기는 1980년대 후반부터 현재까지다.

제1시기는 그야말로 당사자들이 '현재'의 문제를 어떻

게 처리해야 하는가에 쫓겼고, 극동국제군사재판(도쿄재판)이나 샌프란시스코 강화조약, 한일 국교정상화를 거치면서 조용히 가라앉았다. 당장의 문제 '해결'을 꾀하면서 일단 '과거'의 문제는 덮어버렸기 때문이다.

기무라는 제2시기를 '역사인식 문제 논쟁의 정체기'로 명명한다. 냉전하에서 한일 양국이 제1시기에 성립한 '해결'을 받아들이는 외에 선택지가 없었다는 점이 큰 이유다.

그리고 제3시기가 '전후세대의 등장과 역사의 재발견'이다. 1980년대 말부터 한일 양국에서 일제히 "'역사의 재발견'이라고나 할, 전쟁 시기(2차 세계대전)에 관한 연구나 당시의 상황을 규탄하는 운동이 개시된다"는 것이다(기무라 간, 《한일 역사인식 문제의 메커니즘(日韓歷史認識問題とは何か)》).

1990년 8월 22일자 《조선일보》 1면 칼럼 〈만물상〉에서 강제징용 문제에 대한 당시의 분위기를 볼 수 있다. 기무라가 지적하는 '제3시기'다. 일본에서 소송 준비를 추진하는 피해자들을 지원하는 일본인 변호사의 서울 방문을 다룬 것인데, 1971년에 설립되었다는 '유족회'에 대해 "현재 1만 2000여 명의 회원을 가진 이 단체는 우리 정부나 사회로부터의 지원이 거의 없는 채로 '백인회(百人會)'란 일본인 민간단체의 지원으로 겨우 사업을 꾸려오고 있다"고 소개하면서, 한국 국민이 보다 관심을 가져야 한다고 호소했다.

'위안부'에 대해서도 큰 차이는 없고, '한국정신대문제대책협의회(정대협)'가 결성되어 운동을 시작한 것은 1990년이었다.

최초의 강제징용 소송은 1992년 야마구치지방재판소 시모노세키지부에서 제소되었다. 그 후 일본에서 제소가 이어졌는데, 2007년에 한국인 강제징용 피해자가 미쓰비시중공을 상대로 한 소송에서 원고 패소로 최고재판소 판결이 확정되었다. 일본에서는 소송이 제대로 진행되지 않는다고 본 이들이 이번에는 한국에서 소송을 시작했다.

한국에서는 우선 2000년에 미쓰비시중공을 상대로 부산지방법원에서 소송이 제기되었다. 당시 부산의 변호사사무소 대표였던 문재인 대통령도 변호인단에 이름을 올렸는데, 일련의 소송에서 중심이 된 최봉태 변호사에 의하면 당시 문재인 변호사는 단순히 명의만 빌려주었지 법정이나 원고인단의 집회에 나오진 않았다고 한다. 한국에서도 원고 패소가 계속되고 있었는데, 대법원에서 2012년 '승소 가능성을 인정한 최초의 사법판단'으로서 원고 패소의 고등법원 판결을 파기 환송하는 판결을 내렸다. 고등법원의 환송심에서 원고가 승소해 재차 상고심이 열렸는데, 박근혜 정권하에서는 대일외교에 대한 악영향을 우려한 청와대의 공작도 있어서 대법원 심리는 사실상 보류상태였다. 그러다 문재인 정권이 들어서자 심리가 재개되어 2018년 10월 일본 기업 패소 판결이 확정된 것이다.

더불어 말하자면 2018년의 대법원 판결에서는 대법관 13명 중 2명이 배상명령에 반대하는 입장을 택했다. 그들은 "청구권협정이 헌법이나 국제법에 위반하여 무효라고 볼 것이 아니라면 그 내용이 좋든 싫든 그 문언과 내용에 따라 지켜야 하는 것"이라는 반대의견을 냈다. 일본 정부의 입장과 같은 견해다.

그 둘 중 한 사람은 문재인 정권하에서 임명된 대법관이었다. 일본에서는 대법관을 임명한 대통령의 성향이 판결에도 영향을 주는 것이 아닌가 의심하는 시각이 있는데 꼭 그렇지도 않은 것이다. 문 정권하에서의 '주류 교체'로 충당된 김명수 대법원장이 소송 지휘를 한 영향이 있었을지도 모르지만, 대법관 한 사람 한 사람의 판단에서까지 임명자의 의도를 찾으려는 것은 무리한 일이다.

'1965년 체제'에 도전하는 한국

일본 기업에게 강제징용 피해자에 대한 배상을 명령한 한국 대법원 판결의 논리대로라면, 1965년 한일기본조약과 청구권협정을 재검토하자는 이야기까지 나올 수 있다. 그러나 한일조약은 일본의 전후처리의 기본인 샌프란시스코 강화조약의 "특별한 합의"(제4조 a)에 입각해 체결된 것이다. 한일기본조약에 손을 댄다는 것은 곧 샌프란시스코 강화조약 체제 자체를 흔드는 것과 같다. 일본이 강하게 반발하는 것은 그러한 우려를 품고 있기 때문이다.

그런데 일본의 문제의식을 진지하게 공유하려고 하는 자세가 한국 측에는 안 보인다. 한일기본조약이 샌프란시스코 강화조약과 강한 연관을 갖고 있음을 부정하는 것은 아니겠지만, 적어도 당사자 의식이 있는 것으로는 안 보인다. 샌프란시스코 강화조약의 당사자가 아닌 한국으로서는 어디까지나 한일 양국 간의 문제라는 인식인지도 모른다. 이 점에서 한국과 일본의 입지는 확실히 다르다. 일본으로서는 받아들이기 아주 곤란한 반면 요즘 한국에서는 한일기본조약 재검토를 민감한 이슈로 보는 인식조차 옅어진 것 같다. 그래서인지 6·3 한일회담 반대운동이 일어난 지 50년이 된 2014년에는 재검토 필요성을 제기하는 논의를 자주 보았다.

김영삼 정권에서 국무총리를 지냈던 이홍구는 계엄령 발령 50년을 하루 앞둔 2014년 6월 2일《중앙일보》칼럼에서 "일본에 재교섭을 제안해야 한다"고 주장한 원로 정치인의 논문을 "설득력 있다"고 평가했다. 그 논문은 1910년 한일합병을 '제1차 대일 종속', 1965년 한일기본조약을 '제2차 대일 종속'이라고 규정하고 재교섭을 주장하는 것이었다. 이 전 총리는 논문 내용을 다음과 같이 정리했다.

"제2차 세계대전을 마감하는 일본과의 강화조약에서 전승국 반열로부터 제외되어 배상 요구자격을 원천봉쇄 당한 한국이 65년 일본과 체결한 청구권협정은 일제의 주권찬탈과 식민통치를 청산하는 조약이 될 수 없었기에 한일협정 재협상을 요구해야 한다."

이홍구 전 총리는 "재교섭해야 한다"고 쓰진 않았지만, 재교섭론에 동조하는 심정으로 짐작된다. 국교정상화 이후 한일관계에 대해 "전면적이고 진지한 역사의 재인식, 국제법과 규범의 올바른 해석, 호혜평등의 원칙에 입각한 아시아 공동체 수립이란 이상에서 크게 벗어나 있었"다는 인식을 피력하면서 "이를 바로잡는 노력은 한국은 물론이려니와 일본을 위해서도 꼭 필요하다"고 주장했기 때문이다.

진의를 제대로 듣고 싶어서 취재를 신청했지만 "건강이 안 좋아서 몇 달간은 인터뷰를 할 수 없다"고 거절당했다.

2018년 대법원 판결에 대해서, 일본의 전문가가 새삼 주목하고 있는 것이 이러한 '1965년 체제에 대한 도전'이다. 지금까지 서술해온 대로, 배경에 있는 것은 한국의 국력이 강해졌다는 자부심이며 '올바름'에 집착하는 한국의 전통적인 사고방식이 주류가 되었다는 흐름이다. 그것은 명백히 '옛 한국'과는 다른 것으로, 1980년대 후반부터 30여 년간 진행된 사회의식의 변화에 영향을 받은 것이라고 할 수 있다.

냉전의 종결과 세계화의 진전, 거기에 보조를 맞추어나간 한국의 경제성장과 민주화라는 내외의 요인은 한국 사회에 커다란 변화를 가져왔다. 한일관계에 나타나고 있는 변화는 그 여파다. 그러면 어떤 변화가 있었는지 구체적으로 살펴보자.

한일의 국력이 마침내 대등해졌다

냉전 종결 후 30년은 일본의 헤이세이(平成, 1989~2019. 일본 연호이며 메이지유신 이후 일본 천황의 제위 기간에 맞추게 되었다) 시대와 겹친다. 정치외교사가인 이오키베 마코토(五百旗頭 眞)는 헤이세이 마지막 해인 2019년 3월 '헤이세이 시대' 라는 강연에서 헤이세이라는 연호에 들어간 "안으로 평안 하고 밖으로 이루어진다", "땅은 평안하고 하늘은 이루어진 다"라는 큰 희망과는 반대로 "헤이세이 시대는 평화도 아니 고 성공도 아니다. 거꾸로 경제초대국의 정점에서 크게 전락 하는 시대가 되었다"라고 회고했다(《아시아시보(アジア時報)》, 2019년 4월호).

한편 한국은 어땠을까. 한국전쟁으로 전국토가 초토화되 었고, 그 후에도 동서냉전의 최전선으로서 긴장을 강요당해 왔던 한국은 냉전의 멍에로부터 해방되었다. 동서 독일과 같은 통일은 이루지 못했지만, 중국이나 소련을 비롯한 사 회주의 국가들과 적대해야 했던 냉전 시대와는 전혀 다르 다. 게다가 고속성장으로 선진경제를 이룩해냈다. 냉전 종 결이 선언되기 2년 전인 1987년에는 민주화도 달성했다.

이 정도의 변화가 일어났기에 한일 양국이 서로를 바라보는 시선에 커다란 변화가 생기는 것은 당연하다.

일본의 패전으로 35년간의 식민지배는 끝났지만, 1965년 국교정상화 이후에도 일본은 한국이 결코 이길 수 없는 강대국이었다. 그런데 한국은 이제 G20의 일원으로서 일본과 어깨를 나란히 하고, 세계 10위 전후의 경제력을 가지게 되었다. 한국과 일본의 역학관계는 일본이 압도적으로 힘이 센 '수직'적인 관계에서, 대등한 존재로서 맞상대할 수 있는 '수평'적인 것으로 변화했다.

냉전 종결의 영향은 이에 그치지 않는다. 이오키베 마코토는 강연에서 "냉전의 틀 속에 억압되어 있던 지역 문제가 머리를 들어 올린다는 것이 냉전 후의 특징이다. 그것을 '지리와 역사의 부활'이라고 부른다"라고도 지적했다.

이 책에서도 이미 지적한 대로, 역사인식 문제가 한일 간의 현안으로 부상하고, '위안부' 문제나 강제징용 문제로 보상을 요구하는 운동은 냉전 종결기 이후에 시작되었다.

대법원의 강제징용 판결 후에는 한일관계를 더욱 악화시키는 일들이 차례차례 일어났다. 이전이라면 일이 커지기 전에 처리되었을 만한 일이 대부분이라, 정치뿐만 아니라 외교 실무자 사이에서조차 소통이 제대로 되지 못하는 형편을 잘 보여주었다. 특히 2018년 12월에 일어난 한국 해군함정의 자위대 항공기에 대한 '화기조준' 레이더 조사 문제는 충격적이었다. 안보 전문가인 한국군과 자위대는 정치적인 긴장과 무관하게 긴밀한 협력을 유지한다고 여겨졌기 때문이다.

일본 방위성이 동영상과 탐지음을 공개했고, 한국 국방부는 반박하는 동영상의 공개로 대응했다. 서로의 주장이 정면으로 대립해 군사 교류에도 큰 지장을 미치게 되었다. 많은 관계자가 "예전 같았으면 실무 차원에서 사실 확인을 하고, 잘못이 있으면 바로 사과하고 끝났을 것"이라고 말했다. 일본에서는 한국의 주장이 엉터리라고 인식되어 "남북 관계 개선이 지지부진하고 지지율 저하에 시달리는 문 정권이 지지율을 끌어올리려고 반일정책을 펴고 있다"는 반응이 퍼져나갔다.

그러나 실제 한국의 여론은 전혀 반응하지 않았다. 한국 갤럽이 발표하는 문 대통령의 지지율은 일본 측의 첫 발표가 있었던 12월 21일에 46%였다. 그 후의 추이는 48%(1월 11일), 47%(18일), 46%(25일), 47%(2월 1일)로 거의 변동이 없었다.

갤럽에서는 대통령의 직무수행을 '긍정적으로 평가하는 이유'와 '부정적으로 평가하는 이유'를 묻는다. 자유롭게 답한 것을 갤럽이 정리해서 각 20개 항목 정도씩 발표한다. 일주일 전과 비교해 변동이 큰 항목에는 별도의 표시가 붙는다.

문재인 정권 출범부터 그 무렵까지 긍정적 평가 이유의 최상위는 '북한과의 관계 개선'이고 가장 큰 부정적 평가 이유는 '경제·민생 문제'로 한결같았다. '일본'이 여기서 명시되는 일은 내가 아는 한 과거에도 없었다.

다만 2019년 1월 25일 발표에서는 긍정적 평가 이유에 '외교를 잘하고 있다 10%(전주 대비 3% 증가)'라는 항목이 있었다. 갤럽에 전화해서 구체적으로 물어보니, 담당자는 "미국과 북한 사이를 잘 중개해 두 번째 북미정상회담을 실현시켰다는 답이 대부분"이라고 했다. 조사기간 직전에 북미정상회담이 발표되었고, 한국에서는 문 정권의 중개 노력이 결실을 맺었다고 받아들여진 것이다.

잘 보면 부정적 평가의 이유에 '외교 2%'라는 것이 있는데, 그에 대해서는 이런 답을 들었다. "외교와 관련된 여러 가지 답을 모아서 2%다. 일본과 관련한 답이 아예 없는 것은 아니지만, 한국 외교에서 중요한 것은 압도적으로 미국과 중국이다. 일본과의 관계도 특별한 이슈가 있으면 비중이 커질 수도 있겠지만 평소에는 그러한 일이 일어나지 않는다."

일본이 7월에 한국에 대한 수출규제 강화를 발동하고 한국이 그다음 달에 지소미아를 연장하지 않겠다고 일본에 통보했을 때에도 마찬가지였다.

일본제품 불매운동 등이 예상 외로 왕성함을 보였지만 대통령 지지율에는 영향이 없었다. 그 시기에 대통령 지지율을 움직인 것은 조국 서울대 교수의 법무장관 기용을 둘러싼 소동이었다. 한국 언론의 관심도 마찬가지여서, 조국 문제가 나오자 일본에 관한 보도는 단번에 감소했다.

한국에서 보는 '냉전 이후의 세계'

한국에 주재하던 일본 외교관과 2000년경 술을 마시면서 나눈 대화가 기억에 남아 있다. 터놓고 이야기하는 분위기

속에서 그는 "냉전 시대에 한국에게 세계라는 것은 미국과 일본이었다"라고 말했다. 한국 사람들로서는 불쾌할 수도 있지만 그것은 진실이었다.

미국과 소련을 맹주로 하는 동서진영이 서로 노려보던 냉전은 한반도에서 한국전쟁이라는 뜨거운 전쟁을 초래했다. 휴전협정 체결 후, 군사분계선의 남·북 각각 2킬로미터씩을 비무장지대로 한다는 약속은 공공연하게 무시되었고, 중화기로 무장한 대군끼리 서로 노려보았다. 게다가 냉전 시기의 한국은 1970년대에 경제성장을 이루었다고는 하지만 아직 약체인 개발도상국에 불과했다. 안보와 경제의 양면에서 미일 양국에 의존하지 않으면 안 되었다. 뒤집어 말하자면, 미일 양국과의 관계만 좋게 유지하면 큰 문제는 없었던 시기였다.

그래서 한국의 정권에게는 들에 가축을 풀어놓듯 반일을 방치할 여유가 없었다. 식민지배에 대한 사죄 없는 일본과의 관계 정상화는 '굴욕외교'라고 반발하는 여론을 박정희 정권이 계엄령으로 짓눌러버린 일이 대표적인 사례다.

일본 육군사관학교에서 교육을 받은 박정희를 '친일적'이라고 평가하는 견해가 일본에 있지만, 나는 회의적이다.

식민지 출신자에 대한 차별을 체험했을 인물에게 단순하게 '친일'을 기대하는 것은 너무 낙관적이다.

식민지 출신자로서 일본에서 공부한 한 조선인 엘리트의 수기에는 신세를 진 일본인에 대한 감사와 더불어, 자민족을 억압한 일본이라는 체제에 대한 혐오가 공존하고 있다. 박정희에 대해서도 현실주의자로서 일본의 자금과 기술 없이 경제개발을 추진할 수 없다는 판단을 했으리라고 생각하는 것이 자연스럽다. 달리 길이 없기에 '반일'을 힘으로 억눌렀을 것이다. 그러나 1980년대에 '한국의 세계'는 크게 변한다.

1985년 소련에서는 고르바초프 서기장이 등장해 페레스트로이카를 시작했다. 1988년 서울 올림픽에서는 두 대회 만에 동서 양 진영이 모두 참가했고, 경제성장을 계속하는 한국은 동구 사회주의 국가와 차례차례 국교를 맺어나갔다. 1989년 냉전 종결이 선언되었고, 한국은 1990년에 소련, 1992년에 중국과 국교를 수립했다. '한국의 세계'는 더 이상 미국, 일본만이 아니게 되었다.

그 시기 이후, 한국 외교에서는 미국, 중국, 일본, 소련(러시아)이라는 주변 4대국을 가리키는 '4강'을 말하기 시작했다. 더욱이 2000년대가 되면서 중국의 존재감이 커졌다.

그래도 군사동맹으로 맺어진 미국과의 관계는 여전히 안보상 필수다. 한국에서는 "안보는 미국, 경제는 중국"이라는 말이 흔히 쓰이게 되었다. 결과적으로 중국, 소련을 중심으로 하는 '다른 나라'가 대두함에 따라 일본의 존재감은 약해졌다.

2003년에 출범한 노무현 정권은 국력 신장을 배경으로 '한국의 세계'를 새로이 넓히려고 했다. 정권의 초대 외교통상부장관인 윤영관은 그해 연말의 기자회견에서 한국 외교의 과제로서 '자주외교'를 강조했다. 윤 장관은 회견에서 "우리나라의 국력에 맞는 글로벌 외교를 전개해나가는 것이 우리 목표다. 4강에 더해 유럽연합(EU)이나 동남아시아국가연합(ASEAN), 중동 등 글로벌 단계에서 보다 적극적인 외교활동을 전개해나가고 싶다"라고 말했다.

그러한 의욕이 금방 결과가 되어 나올 리는 없겠지만 미국, 일본과의 관계가 국가의 생명선이던 시대는 끝났다는 의식을 읽을 수 있다. '자주'를 할 수 있다는 고양감은 문재인 정권에도 통한다.

경제 면에서도 이 시기의 한국은 개발도상국의 선두주

자에서 선진국 대열의 일원으로 위치를 바꾸었다. 한국은 1996년에 '선진국 클럽'으로 불리는 OECD에 가입, 2010년에는 개발도상국 지원을 담당하는 주요 선진국과 EU가 멤버인 OECD 개발원조위원회(DAC)에 가입했다. 2차 세계대전 후에 독립한, '원조 받는 쪽'이었던 나라로서는 유일한 DAC 회원국이다. 2019년에는 세계무역기구(WTO)에서 개발도상국에게 주어지는 '특혜'를 더 이상 받지 않겠다고 선언했다. 한국의 경제성장은 칭찬할 만하다.

한국전쟁 직후인 1950년대 후반에 한국의 1인당 국민소득(GNI)은 100달러에도 미치지 못했으며 한국은 세계 최빈국 가운데 하나였다. 그로부터의 경이적인 경제성장에는 1965년 국교정상화로 일본에서 제공된 자금과 기술이 크게 기여했다.

일본은 청구권협정에서 약속된 5억 달러와는 별도로 민간차관 3억 달러 제공에도 동의했다. 일본으로부터 자금과 기술공여를 받은 박정희 정권은 고속도로나 댐과 같은 인프라 정비를 추진했다. 세계적인 철강 대기업이 된 포스코(POSCO, 구 포항종합제철)도 일본으로부터의 자금과 신일본제철 등의 기술협력으로 설립된 기업이다.

한국이 일본에 의지한 것은 자금과 기술만이 아니다. 무역상대로서도 일본은 미국과 나란히 중요한 상대국이었다. 한일 국교정상화로부터 5년이 지난 1970년을 보면, 한국의 무역상대국으로서의 비중은 일본이 37%, 미국이 34.8%로 합치면 70%가 넘었다. 일본의 비율은 서서히 떨어져갔지만, 그래도 1990년에는 일본 23.1%, 미국 26.9%로 무역 전체의 절반이 미국과 일본을 상대한 것이었다. 다만 미국과 일본을 합한 비율이 50%를 넘은 것은 이 해가 마지막으로, 그 후에는 큰 반등 없이 떨어져갔다. 한국이 OECD에 가입한 1996년에는 30%대가 되었고, 2004년에는 20%대, 2011년에는 마침내 10%대가 되었다. 2018년에 일본은 7.5%, 미국은 11.5%로 합쳐서 19%다.

반면 중국이 차지하는 비중은 1990년 2.1%에서 2001년 10.8%, 2009년에는 처음으로 20%라는 획기적인 지점에 이르렀고, 동시에 미일 합계(20.1%)에 다다랐다. 2018년의 비중은 23.6%다.

주목해야 할 것은 미중일 3개국의 비중 변동만이 아니다. 3개국을 합쳐도 2018년의 비중은 40%가 조금 넘는 정도다. 상당히 큰 숫자이기는 하지만, 미일 2개국만으로 70%

였을 정도의 과점 상태는 아니다. 한국은 이미 GDP 규모에서 세계 10위 전후의 경제력을 자랑하게 되었으며, 그에 따라 무역 상대국도 다변화된 것이다.

왜 한국은 '올바름'을 중시하는가

앞서 소개한 강연에서 이오키베 마코토가 냉전 이후 세계의 특징으로 지적한 '지리와 역사의 부활'도 한국 사회에 큰 변화를 가져왔다. 한국에서 직접적인 계기가 된 것은 1987년의 민주화다.

민주화는 과거의 '옳지 않은 역사'를 다시 보는 움직임의 부상으로 연결되었다. 그것은 '무'보다 '문'을 중시하고, '올바름'을 가치기준으로 하는 도덕주의 전통의 부활이기도 했다.

그 '올바름'이라는 말은, 일본에 대해서는 '올바른 역사 인식'이라는 형태로 쓰이는 경우가 많다. 한일 양국의 신문 데이터베이스를 검색해보면, 이 말이 처음 등장하는 것은 노태우 정권 때이며, '32년 만의 문민대통령'을 어필한 김영삼 정권에서 급증했다.

'문민대통령'이라는 말은 유교의 전통이라 할 문민 통치로 되돌아갔다는 것이며, 박정희나 전두환 같은 군인이 통치하던 시기는 역사적으로 보면 특이한 경우였다는 것이다. 이러한 구분법이라면 민주적 선거에서 뽑힌 노태우 대통령도 군인 출신이기 때문에 '특이한 시대'의 연장이라는 말이 된다.

1987년 선거에서 노태우가 당선된 것은 민주화 진영의 두 거두였던 김영삼과 김대중이 협력하지 못하고 함께 쓰러졌기 때문이다. 결과적으로 노태우 정권은 권위주의의 흔적이 남아 있는 이행기의 정권이며, 명실공히 민주화된 첫 한국 정권은 김영삼 정권이 되는 것이다. '올바른 역사 인식'이라는 말이 노태우 정권에서 쓰이기 시작해 김영삼 정권에서 급증했다는 흐름은 이에 부합한다.

김영삼 대통령은 정권의 슬로건으로 '역사 바로 세우기'를 치켜들었다. '바로 세우기'(재평가)의 대상이 된 것은 민주화를 탄압한 권위주의 시대와 일제 강점기다. 전자에 대해서는, 1979년의 군부 내 쿠데타로 권력을 장악한 전두환과 그의 맹우로서 쿠데타에 참가한 노태우라는 두 전직 대통령을 소급입법까지 해서 단죄했다. 또한 이들을 지원한 군내의 사조직 '하나회'를 궤멸시켰다. 군의 정치색을 일소하는 개혁에 의해 군사 쿠데타를 걱정하는 사람은 없어졌다. 군의 비정치화에 대한 김영삼 대통령의 공적은 크다.

후자에 대해서는, 일본 지배의 상징으로서 경복궁 안에 세워졌고 한국전쟁 이후에도 한국 정부청사나 국립박물관 등으로 사용되어왔던 구 조선총독부 건물을 해체했다. '동북아시아 역사재단'의 남상구 연구위원은 민주화 이후의 변화 중 하나로 독립운동가의 유족에 대한 보상이 크게 확충된 것을 든다. 그때까지 잘 알려지지 않았던 사건이나 무명의 독립운동가에게도 초점이 맞추어져서 각지에서 기념비가 차례로 세워졌다고 한다. 남 위원은 "자신들의 역사를 찾으려는 '자기 찾기'"라고 말하는데, 이것도 '역사 바로 세우기'의 일부일 것이다.

그러한 '바람직한 역사', '올바른 역사'를 추구하게 된 한국 사회에서는 1990년 무렵부터 '위안부'나 강제징용 피해자를 지원하는 움직임이 나타났다. 민주화의 흐름 속에서 미해결의 사회 문제로서 '발견'되었다고 할 수 있을 것이다.

냉전하의 한국 정부로서는 역사 문제로 일본과의 관계

를 결정적으로 악화시키는 것은 불가능했으며, 한편 군사 정권은 국민의 불만을 힘으로 억누를 수가 있었다. 반정부 측에게도 한국 사회의 최대 과제는 민주화였기 때문에 역사 문제에 관심을 기울일 여유가 없었다.

그런데 1987년 민주화로 상황은 변했다. 민주화운동을 짊어졌던 사람들은 "우리가 민주화를 이루어냈다"는 강렬한 자부심을 갖게 되어 그중에서 정치인 또는 여러 가지 문제를 다루는 사회운동가가 될 사람들이 나타났다.

새로운 이슈는 양극화나 복지, 인권과 같은 한국 사회 내부의 문제만이 아니었다. 그때까지 한국 내에서조차 관심을 갖지 않던 '위안부'나 강제징용 문제에 애쓰려는 사람들이 나타나기 시작한 것이다.

정대협의 중심 멤버로 활동해온 윤미향은 2013년 인터뷰에서 "민주화 과정에서 해방 이후의 문제를 포함해 역사의 청산을 하지 않으면 안 된다는 의식이 높아졌다"고 회고했다. 1990년에 창설된 정대협은 민주화운동 후의 새로운 흐름의 상징 중 하나였다.

나아가 보수파를 포함한 많은 한국인에게 "'위안부'나 강제징용 피해자의 호소를 무시해온" 것은 자랑스러운 역사가 될 수 없다는 점도 크다. 한국이 아직 가난하고 민주화도 되지 않았던 시대였기 때문에 어쩔 수 없었다고는 하지만 '미안했다'는 감정을 갖는 것은 이상하지 않다.

그러한 감정이 '위안부'나 강제징용 피해자 같은 사람들을 함부로 비판할 수 없는 '언터처블'한 존재로 만든 것이 아닐까. 한국 사회의 논의를 보면 그런 생각에 사로잡힌다. 그러한 감각은 어느 사회에나 있는 것이 아닐까.

4장

일본이 보는
한국의 통일관

통일의 꿈은 이루어질 것인가

문재인 대통령은 2019년 8월, "남북 간 경제협력으로 평화경제가 실현된다면 우리는 단숨에 (일본을) 따라잡을 수 있다"고 말했다. 청와대 수석·보좌관 회의에서 일본의 수출규제 강화를 비판하고, 대항하는 자세를 강하게 내세우면서 한 말이다.

　일본 언론들은 "북한과 협력해서 일본에 대항하겠다는 의향을 보여주었다"(교도통신)라는 식으로 보도했다. 놀라거나 경계하는 반응이 많았는데, "진심일까?"라고 의아해하는 것 같았다.

발언을 좀 더 자세히 살펴보자. 문 대통령은 "일본의 무역보복을 극복하는 데에만 그치지 않고 일본 경제를 넘어설 더 큰 안목과 비상한 각오가 필요하다"고 강조하며, 일본의 조치를 오히려 도약의 기회로 삼자고 호소했다.

그리고 "일본 경제가 우리 경제보다 우위에 있는 것은 경제 규모와 내수 시장으로, 남북 간 경제협력으로 평화경제가 실현된다면 우리는 단숨에 따라잡을 수 있다"고 전망하면서 "대한민국은 도덕적 우위를 바탕으로 성숙한 민주주의 위에 평화국가와 문화강국의 위상을 드높이고, 경제강국으로서 새로운 미래를 열어나갈 것이다. 우리 정부는 담대한 목표와 역사적 소명의식을 가지고 임하겠다. 국민들도 자부심과 자신감을 갖고 승리하는 대한민국의 미래를 여는 데 함께해주기 바란다"라고 매듭지었다.

일본이 걸어온 경제전쟁에 대항한다는 강한 패기는 느껴지지만 '도덕적 우위'나 '평화국가와 문화강국의 위상', '역사적 소명의식'이라는 말에 일본 사람들은 위화감을 느낄 것이다.

하지만 한국에서 일본과 같은 소감을 갖는 사람은 거의

없을 것이다. 유교의 영향이 사회의식 저변에 견실하게 흐르는 한국은 관념론이 중시되는 사회이며, 이런 표현들은 웬만한 모임의 인사말에서도 쓰인다.

나도 수년 전 어떤 모임에서 "여기에 모인 사람들은 역사적 소명의식을 가진 사람들이다"라는 주최 측 인사말에 당황한 일이 있다. 정치나 사회 문제를 주제로 3개월간 매주 열리는 강연회였다. 폭 넓은 인맥을 갖춘 주최 단체의 힘으로 강사는 유명인사로 채워져 있었는데 40명 정도 되는 참가자는 말하자면 사회 중견급 인사들이었다. 다른 사람들은 당연하다는 듯 인사말을 듣고 있었지만, 부끄럽게도 나는 '소명의식'이 정확히 무슨 뜻인지 자신이 없어서 사전을 뒤져보고 말았다.

일본은 머리로 이치를 궁리하기보다는 실천을 우선하는 경향이 강하다. 그래서 한국어를 일본어로 그대로 옮기면 너무 무거운 느낌이 들 수 있다. 그런 경우 번역자의 역량으로 조정해야 할 텐데, 실제로는 한자어라는 공통 어휘가 많은 데다 어순이 거의 같다는 '닮은 점'에 휘둘려 대담하게 번역하는 것을 주저하는 경우가 많다. 한국과 일본의 사회의식에 이러한 차이가 있음에도 불구하고 양국 모두 그러한 의식은 희박하다.

문 대통령은 8월 15일 광복절 경축사에서도 "2032년 서울-평양 공동올림픽을 성공적으로 개최하고, 늦어도 2045년 광복 100주년에는 평화와 통일로 하나된 나라로 세계 속에 우뚝 설 수 있도록, 그 기반을 단단히 다지겠다고 약속한다"라고 통일의 꿈을 말했다.

또 "평화경제를 구축하고 통일로 광복을 완성하고자 한다"고 결의를 다지면서 "한반도가 통일까지 된다면 세계 경제 6위권이 될 것", "2050년경 국민소득 7~8만 달러 시대가 가능하다"라는 전망을 내놓았다. 다만 그에 이르는 구체적인 절차나 로드맵은 없었다.

문 대통령의 이러한 발언은 일본에서 나름 주목받았던 것 같다. "진심일까?"라는 질문을 많이 받았는데, 나는 "진심이기는 하겠지만 곧 실현될 것으로 생각하는가 하면 아닐 것이다"라고 대답했다.

먼 미래의 꿈을 비전으로 제시하는 것은 한국 정치지도자로서 '옳은' 자세다. 맞서는 당파로부터 거센 비판을 받는 것은 당연한 일이며 그때는 논쟁을 하면 될 것이다. 다만 논쟁에 열중한 나머지 실천하기 위한 구체적인 계획을 세우는 일에는 허술해지고 만다. 역대 정권을 보면 보수, 진보 할 것 없이 그러한 경향은 같은 것 같다.

1970년대 초부터 한국에서 필드워크를 쌓아온 인류학자 이토 아비토(伊藤亞人) 도쿄대학 명예교수는 그러한 경향을 "유교사회 문인들의 이념 중시 내지 관념주의적인 지적 전통"이라고 지적한다. 그리고 "민주화를 배경으로 공공연하게 유교윤리를 강조하는 일은 적어졌지만, 인간이나 사회에 대해 논리적, 체계적으로 논하는 지적 지향과 권위 지향은 특히 남성들 사이에서는 지금도 변하지 않았다. 그 것이 일본에서의 자기표현이나 의사소통의 바람직한 모습, 기대되는 사회성과 상당히 다르다는 점을 한국에서 조금이라도 생활해본 일본 사람이라면 누구라도 실감하게 된다"라고 한다(이토 아비토,《일본사회의 주연성(日本社會の周緣性)》).

그러한 기질과 통하는 이야기를 서울에 있는 '한중일 협력사무국'의 직원으로부터 들은 바 있다. 사무국은 3개국의 협력을 추진하기 위해 2011년에 만들어진 국제기관으로 환경문제나 재난 대책, 국민교류와 같은 사업을 통해 상호 신뢰를 쌓는다는 '미래지향'적인 사업을 펼친다. 한중일이 각기 외교관을 파견하며, 나머지 직원들도 3개국에서 채용된다.

거의 같은 인원의 한국, 중국, 일본 출신 직원이 대등한 입장에서 같이 일한다는 것은 민간에서도 찾아보기 힘든 꽤 독특한 환경이다. 공채로 들어온 직원 중에는 한영중일 4개국 언어를 구사하는 사람도 드물지 않고, 그러한 의미로도 이색적인 조직이다.

한중일 3국은 이 사무실에 제각기 "이러한 사업을 하면 어떨까" 하고 제안을 해온다. 일본이 제안하는 사업은 난도가 낮고 실현가능성이 높은 것, 중국의 제안은 그보다 스케일이 크다는 각국의 특색이 나타난다.

그리고 한국은 "어떻게 하면 실현시킬 수 있을지 되묻고 싶어지는 장대한 사업을 꺼내든다"고 한다. 내게 이야기를 해준 일본인 직원은 "그럴 때 중국인은 '그들은 언제나 그렇듯이 무리한 이야기를 하고 있다. 그냥 놔두면 된다'고 말하고, 일본인은 진지하게 검토한 다음 '역시 무리다'라고 한국을 설득하려고 한다. 그러면 한국은 '실현되면 얼마나 훌륭한가' 하는 이야기를 끝도 없이 하지만 '역시 무리'라고 판단되면 금방 잊어버리고 만다"며 웃었다.

이렇게 구체적인 예를 들어 설명하려고 하는 것이 일본

인의 경향이라고 이토는 지적한다. 보편적인 논리로 설명하려는 한국인이라면 다른 논법이 될 것이다. 나처럼 일본 독자를 상대로 일본인이 쓰면, 어떻게든 이러한 서술이 되고 마는 것이다.

'김칫국 마시기' 계산법에 춤추는 청와대

통일이 되기만 하면 한국 경제에 장밋빛 미래가 올 것이라고 국민에게 호소하는 것은 문재인 정권만은 아니다. 문 정권이 '적폐'라고 치부하는 박근혜 전 대통령도 2014년 1월 신년 기자회견에서 "통일은 대박"이라는 꿈을 말한 바 있다.

"국민 중에는 '통일비용이 너무 많이 들지 않겠는가, 그래서 굳이 통일을 할 필요가 있겠나' 생각하는 분들도 계신 것으로 안다. 그러나 저는 한마디로 '통일은 대박'이라고 생각한다"라고 말한 것이다. 거액의 통일비용을 걱정한 나머지 통일을 미루자는 여론이 높아지고 있는 세태에 대해서 한 말이다. 걱정할 필요는 없다, 통일되면 경제적인 이익이 있다고 국민을 설득하려고 한 것이다.

박 전 대통령은 이때 "통일은 우리 경제가 대도약할 기회라 생각한다"라고도 했다. 일본과 비교하지 않았을 뿐, 문재인 대통령이 말하는 것과 별반 차이가 없다. 박근혜의 말은 갑작스럽다고 느낄 만한 것이었는데 한국에서는 그 후 예상치 못했던 '통일 논의'가 뜨거워졌다. 서울에 30년 이상 주재하는 것으로 유명한 일본인 기자 구로다 가쓰히로(黑田勝弘)는 같은 해 4월 5일자《산케이신문》칼럼에서 "박근혜 대통령의 1월 연두기자회견 이래, 엉뚱한 때에(?) 북한과의 '통일 붐'이 일어나고 있다"라고 썼는데, 당시 서울 특파원이었던 내가 받은 인상도 같은 것이었다.

　박근혜 발언에 많은 사람들이 놀랐는데, 그 후에 그 발언을 전제로 하는 논의가 크게 부상한 것은 한국 사회에서 '대통령'의 존재감을 보여주는 좋은 예다. 한국 대통령은 제왕적이라는 말도 듣는데 실제로 헌법에 규정된 권력은 그렇게까지 강하지 않다. 대통령의 발언 하나로 '붐'이 일어나는 것처럼, 권력이 집중되기 쉬운 정치풍토의 문제일 것이다. 대통령이 보수파이든 진보파이든 다르지 않다. 이것도 박 정권과 문 정권을 비교해보면 분명할 것이다.

　아무튼 박 대통령 발언 후 몇 개월이 지나자, 국책연구소나 국가 지원을 받는 민간 연구기관이 '희망 넘치는 통일'을 주제로 하는 심포지엄을 잇따라 개최했다. 나도 한 국책 연구기관이 주최한 심포지엄에 발표자로 초청받았는데, 주제는 '한반도 통일과 주변국의 이익'이었다. '통일과 일본의 이익'에 대해서 발표해달라는 의뢰를 받은 나는, "'이익'으로만 한정하기에는 위화감을 느낀다. '우려'에 대해서도 언급하지 않을 수 없다"고 완곡하게 거절하려고 했는데, "그렇게 해도 좋다"는 답이 와서 발표자로 나갈 수밖에 없게 되었다.

한국의 국립 외교원외교안보연구소는 그해 7월, 〈글로벌 리더로서의 통일한국〉이라는 영문 보고서를 발간했다. 한국의 자본과 기술, 북한의 자원과 노동력에 외국 투자를 더하면 '폭발적인 상승효과'를 낳을 것이라고 규정하고, 통일한국의 경제력은 장래 세계 7위가 된다고 전망했다. 2040~2050년 무렵이면 한국의 1인당 국민소득(GNI)은 8만 달러, 북한 지역은 5만 6000달러에 달할 것이라는 전망도 제시되었다. 한국에서 통일문제 전문가가 된 탈북자 친구는 한국 역대 정권의 이러한 자세를 "자기들의 희망만 말하는 것"이라고 신랄하게 논평했다. 북한이 바라는 것은 스스로의 체제에 악영향을 끼치지 않을 형태로 경제적 이득을 얻는 것이지 한국과의 경제통합 같은 건 바라지도 않는다. 한국과 북한의 경제력 격차를 생각하면, 남북의 경제통합을 본격적으로 추진한다는 것은 곧 한국 경제에 북한의 자원과 노동력을 편입시키겠다는 것과 다를 바 없다. 북한의 입장에서 생각하면 거부감을 갖는 것이 당연한데 왜 모르냐는 것이다.

북한은 박근혜의 발언에 대해서 "'통일은 대박' 운운하면서 실제로는 흡수통일을 준비하고 있다"라고 반발했다. 문재인 대통령이 취임 두 달째에 독일의 수도 베를린을 방문해 북한에 정상회담을 호소한 연설에 대해서도 "독일식의 '통일경험'을 역설한 것은 전형적인 '흡수통일', '자유민주주의에 의한 체제통일'을 추구하는 것"이라고 비판했다.

통일에 대한 한국인의 속마음

문재인 대통령은 2019년 8월 15일 연설에서 통일의 목표 연도로 2045년을 들었다. 다만 연설문 전체를 보면, 광복

100주년이라는 특별한 의미가 있는 해를 든 데 불과하다는 인상을 받는다. 문 대통령은 "경제협력이 속도를 내고 평화경제가 시작되면 언젠가 자연스럽게 통일이 우리 앞의 현실이 될 것"이라고 말하면서도 구체적인 로드맵에 관한 이야기는 없었다.

문 대통령의 대북정책에 대해서는 앞서 언급한 베를린 연설을 보는 것이 좋다. 동서 독일의 통일이라는, 한국인에게 큰 충격을 준 사건의 상징이 된 땅을 취임 직후에 방문해 북한에 정상회담을 호소한 연설이다.

문재인 정권은 이 연설을 '베를린 선언'이라고 부르며 특별한 의미를 부여하는데, 이는 김대중 전 대통령이 2000년 3월에 베를린 자유대학에서 한 연설의 명칭을 차용한 것이다. 김대중의 '베를린 선언'은 사상 첫 남북정상회담의 마중물이 되었으며, 진보파에게는 특별한 의미를 갖는다.

문 대통령은 이 연설에서 ① 북한의 붕괴를 원하지 않는다, ② 흡수통일을 하지 않는다, ③ 인위적 통일을 추구하지 않는다는 점을 표명했다. 더욱이 "통일은 쌍방이 공존공영하면서 민족공동체를 회복해나가는 과정이다. 통일은 평화가 정착되면 언젠가 남북 간의 합의에 의해 자연스럽게 이루어질 일이다. 나와 우리 정부가 실현하고자 하는 것은 오직 평화다"라고 말했다.

북한이 핵실험을 하고 장거리 탄도미사일을 연속해서 발사하자 트럼프 정권이 항공모함들을 한반도 주변에 전개하는 등 일촉즉발의 상황이 계속되던 시기였기 때문에 평화를 호소하는 것은 당연했다. 전쟁이 일어나면 한국에서는 수십만 명 이상이 희생될 가능성이 높기 때문에, "전쟁만은 안 된다"라는 생각은 정치이념을 넘어서 공유되고 있다.

오히려 눈에 띄는 것은 '공존공영'이다. 연설에서는 "남북이 함께 번영하는 경제공동체를 이룰 것"이라는 생각이 제시되었다. 정권 출범 6개월 후에 한국 정부가 펴낸 책자 《문재인의 한반도 정책》에서는 최상단의 '비전'으로서 '평화공존', '공동번영'이라는 두 단어가 나란히 있다.

일본의 한반도 전문가들 사이에서는 "지금까지의 정권은 원칙으로나마 '통일한다'고 말해왔는데, 문 정권은 '평화공존'인가"라는 놀라움이 회자되었다. '공존공영'과 '평화공존', '공동번영'이라는 말은 모두 두 주체의 존재를 전제로 하는 것이다. 즉 '통일보다 평화'가 문 정권의 목표라는 말이다.

한국 여론의 상황을 안다면 그리 이상한 일도 아니다. 서울대 통일평화연구원이 2007년부터 매년 여름에 실시해온 의식조사에서, '가능한 한 빨리 통일이 되는 것이 좋다'는 사람은 10%밖에 안 된다. 첫 북미정상회담 한 달 후에 실시된 2018년 조사에서도 '가능한 한 빨리'는 9.9%였다. 가장 많은 것은 '서두르기보다는 여건이 성숙되기를 기다려야'로 67.7%, '현재대로가 좋다'도 16.7%였다.

통일이 된다면 몇 년쯤 후일까 하는 질문도 매년 비슷한 경향을 보인다. 2018년 조사에서 '5년 이내'라고 답한 사람은 6.3%뿐이었다. '10년 이내', '20년 이내', '30년 이내'가 각각 15~16%, '30년 이상'이 18.7%, 가장 많았던 것이 20.7%인 '불가능하다'였다.

그 배경은 예상되는 경제적 부담일 것이다. 서울대 조사에서는 2018년부터 '통일이 되지 말아야 할 이유'라는 질문이 추가되었다. 통일의 부정적인 면에 대한 의식을 찾으려는 것이다. 가장 많은 대답은 '경제적 부담' 34.67%이며, 그다음이 '통일 후에 생길 사회 문제'로 27.67%였다.

한국에서는 그동안 통일비용이 몇 번이나 시산되었다.

한국개발연구원(KDI)이 2010년에 작성한 보고서에서는 북한이 개방정책을 택하지 않은 채 갑자기 붕괴할 경우, 그로부터 30년 동안에 2조 1400억 달러의 통일 비용이 든다고 추산되었다.

북한의 사회 인프라나 개인소득을 한국과 그다지 격차가 크지 않은 정도로 끌어올리기 위해 필요한 비용을 계산했다는 것인데, 이는 당시 한국 국내총생산(GDP)의 2배가 넘는 금액이다.

'잃어버린 20년'의 예감에 떠는 한국

통일에 거액이 든다고 해도, 경제가 호조라면 그다지 걱정하지 않아도 될 것이다. 그러나 한국에서는 수년 전부터 "일본의 잃어버린 20년과 같은 상황에 빠질지도 모른다"는 경고가 반복되고 있으며, 전망이 밝지만은 않다.

한국은 1960년대부터 일본을 모델 삼아 수출 주도의 경제성장을 이루어냈다. IMF 위기에 시달리기도 했지만, '일본형'으로부터 '글로벌 스탠더드'(실제로는 아메리칸 스탠더드)

로 변환해 난국을 극복했다.

IMF 위기가 한창일 때 출범한 김대중 정권은 IMF(국제통화기금)의 요구를 받아들여 신자유주의적인 개혁을 단행했고, 후임인 노무현 정권도 경제정책은 신자유주의 노선을 택했다. 두 사람 모두 대북정책이나 인권 문제에서는 진보파지만 경제정책은 달랐다.

2000년대에는 고속성장하는 중국의 제조업이 필요로 하는 부품 등을 중간재로 제공하는 것으로 한국 경제는 혜택을 봤다. 그러나 중국 기업의 추격 속도는 빨랐고, 한국 기업은 고전을 면치 못하게 되었다. 미국, 일본의 등짝을 쫓는 '캐치업' 단계는 끝났지만 창조적인 기술과 시장을 만들어내는 선진국형 산업으로의 이행은 하루아침에 되는 일이 아니다.

경제가 성숙함에 따라 성장률의 저하 경향도 선명해졌다. 1991~2000년의 GDP 성장률은 연평균 6.9%였는데 2001~2010년에는 4.4%로 하락했다. 2011년 이후에는 3%를 밑도는 일이 드물지 않게 되었다.

IMF 위기를 극복하기 위한 구조조정도 한국 사회에 부정적인 영향을 남겼다. 가장 큰 문제는 양극화일 것이다.

대규모 구조조정을 단행한 기업들은 그 후에도 채용을 억제함으로써 노동 비용을 늘리지 않으려고 했다. 일본과 마찬가지로 정규직의 채용을 억제하고 고용의 조정 밸브가 되는 비정규직을 늘렸던 것이다.

한국의 노동 관련 법규가 일본 이상으로 두텁게 정규직을 보호하는 것도 비정규직 증가로 연결되었다고 한다. 정규직 노조가 임금 인상을 요구하는 파업을 반복해온 현대자동차의 평균임금은 이제 도요타자동차보다도 높아졌다. 《한국경제신문》에 의하면 한국 자동차 제조업체 5개사의 평균임금(2017)은 9072만 원(이 책 집필 시의 환율로 약 840만 엔)으로 도요타자동차의 832만 엔과 큰 차이가 없었다. 그 바람에 피해를 입고 있는 것이 앞으로 취직시장에 들어가야 하는 청년들이라는 구도다.

양극화의 상징은 재벌이다. 한국 재벌은 개발독재 시대 정부와 한 몸이 되어 경제성장을 짊어졌다. 제한된 자원을 효과적으로 쓰기 위해 어쩔 수 없었다는 점도 있지만 정경유착이 있었음은 부정할 수 없다.

그래도 창업자 가운데 많은 이는 고생해서 대기업으로 키워낸 역량을 국민들로부터 긍정적으로 평가받았지만,

이제 3세나 4세가 최고경영자 지위에 오르는 시대가 되었다. 그들에 대해서는 '특권계급'이라는 반감이 강하기 때문에 대한항공의 '땅콩 회항'과 같은 불상사를 일으키면 용서 없는 비판이 쏟아진다.

'땅콩 회항' 때 서울의 증권 애널리스트에게 들은 이야기는 충격적이었다. 재벌 친화적인 보수정권 때에도 경제 사건 등으로 재벌 오너가 구치소나 교도소에 들어가는 일이 있었다. 그럴 때면 "오너 부재로 경영 판단이 늦어지면 큰일이다"라는 뉴스가 흘러나오는 일이 많은데, 실제로는 그렇지도 않다는 것이었다. 구치소나 교도소에는 특별접견실이라는 곳이 있고 그곳으로 고문변호사가 서류를 가져가서 오너의 결재를 받는다고 한다.

믿기 어려워서 한국인 경제기자에게 물어보니 정말로 그렇다고 해서 말문이 막혔다. 이런 일이 버젓이 일어난다면 비판받는 것도 당연하다.

대기업과 중소기업의 대우 격차도 계속 커지고 있다. 한국의 노동통계를 토대로 정규직의 임금격차를 기업 규모별로 계산하면, 종업원 500명 이상 대기업의 임금을 100으로 했을 때 30~99명 기업은 IMF 위기 직전인 1996년에

73%였다. 10년 후인 2006년에는 이것이 66%가 되었다.

한국중소기업연구원은 2019년 한국과 일본의 기업 규모에 따른 임금격차 추이를 비교 분석했다. 그 보고서에 의하면 한일 어느 쪽도 기업 규모가 클수록 임금은 높았다. 다만 대기업(종업원 500명 이상)의 임금을 100으로 했을 때, 일본은 10~99명인 기업이 83.8%인 데 비해 한국은 57.2%였다. 〈표 1〉에서 제시하는 대로 한국의 기업 규모별 격차는 일본과 비교할 수 없을 정도로 크다.

청년들은 당연하다는 듯 대기업 채용이나 공무원 시험의 좁은 문으로 쇄도한다. 서울의 유명 대학을 졸업해도 대기업에 취직하지 못하면 취직 재수생이 된다. 일본과 비교해보면, 취직 시장에서 재수하는 것에 대한 거부감은 극히 작은 것 같다. 그 결과 청년 실업률(15~29세)은 10% 전후를 기록하는데 취직활동을 포기한 사람까지 포함시키면 20% 가까이 된다고 한다.

그리고 저출생과 고령화는 일본보다 빠르게 진행되고 있다. 생산연령인구(15~64세)는 이미 2012년을 정점으로 하강 국면에 들어섰다. 일본의 정점이 1992년이니까 일본보다 20년 늦었다는 말인데 한국 쪽 감소 곡선의 기울기

종업원 수	한국		일본	
	2012년	2017년	2012년	2017년
1~4명	33.7	32.6	66.5	71.8
5~9명	50.7	48.3		
10~99명	59.8	57.2	77.7	83.8
100~499명	72.6	70.0	85.8	87.8
500명 이상	100.0	100.0	100.0	100.0

출처: 노민선, 〈한국과 일본의 대·중소기업 간 임금격차 비교분석〉, 한국중소기업연구원, 2019

가 더 심하다. 2020년의 고령화율(예측)은 일본 29.1%, 한국 15.6%인데, 2050년에는 일본 38.8%, 한국 38.1%로 나란해지고, 2060년에는 일본 39.9%, 한국 41%로 역전되고 만다.

문재인 정권은 공공부문을 중심으로 고용을 창출해내는 동시에 비정규직의 정규직 전환, 최저임금 인상, 주거비나 통신비 인하 등등의 정책을 조합해 가처분소득을 늘리는 '소득주도성장'을 내걸었다. 소득이 증가하면 소비가 확대되고 기업의 투자로 연결되어 경제 전체가 성장한다는 구상이다.

다만 최저임금을 2년 연속 10% 인상한다든지, 노동시간을 주 52시간으로 제한하는 규제를 도입한다든지 하는 급진적인 정책으로 중소, 영세 업체가 많은 서비스업을 중심으로 실업이 증가하는 등 심각한 부작용이 나타났다.

하지만 한국 경제가 다시 IMF 위기와 같은 심각한 사태에 이를 가능성은 현시점에서 높지 않다. '수출 주도'라고 계속해서 말해왔던 한국 경제이지만 2000년대 후반부터 대외 직접투자가 크게 신장했으며, 2010년대 들어와서는 외국에서 받는 이자나 배당 등의 '소득수지'가 흑자가 되었다. 또 외화보유액에 대한 단기대외채무 비율도 2010년대 이후 안정적으로 50% 이하로 유지되고 있으며, 2018년에는 31.4%다. IMF 위기 직전의 한국은 경상수지 적자로 고통을 받았고, 대외채무가 외화보유액의 두 배 이상에 달한 상태였다.

짐 로저스의 예측을 극찬하는 이유

"남북 경제협력으로 일본을 따라잡는다"라든가 "통일은

대박"은 뒤집어보면 한국의 경제 상황이 답답한 데서 나온 바람이라고 할 수 있다. 애당초 실현가능성은 높지 않고, 북한과의 경제협력을 시작한다 하더라도 금방 커다란 효과가 나올 리도 없다. 다만 정말로 북한과의 경제통합이나 협력이 실현된다면 장기적으로는 한국 경제에 득이 될 것이다. 북한 핵문제는 당연히 해결될 것이며, 안보 상황이 크게 호전되는 것이 협력의 전제가 될 테니 국방비 삭감이라는 '평화의 배당'을 기대할 수도 있다. 징병제를 모병제로 전환할 수 있다면 병역에 의한 경력 단절을 고민하는 한국 남성에게도 효익이 크다.

북한의 철도나 도로 등 인프라 확충을 위한 커다란 공공사업이 생길 것이고 부산에서 중국, 유럽으로 철도 수송이 가능해지면 한국 제조업의 유통망이 크게 개선된다.

러시아가 추진하고 싶어 하는 사할린으로부터 북한을 경유해 한국에 연결되는 가스 파이프라인이 건설되면 에너지 조달원의 다각화를 꾀할 수도 있다. 북한의 안보 위협이 해소된다면 국제사회에서 자금협력을 얻을 수 있을 테니 한국의 부담은 덜하게 될 것이다.

언어 장벽이 없고 부지런한 북한의 노동력도 매력적이다.

2016년에 폐쇄된 개성공단에 입주하던 한국 기업 125개사는 "아주 잘 벌고 있었다"(한국 통일부 당국자). 서울에서 차로 한 시간여라는 좋은 입지에 약 5만 5000명이었던 북한 노동자의 임금이 각종 수당을 포함해 월 150달러 정도였다고 하니까 이익이 나오는 것이 당연하다. 일본과 같은 수준으로 높아진 한국인의 인건비로는 채산이 맞지 않는 노동집약형 공장이 차례차례 개성공단에 진출했던 것이다. 경제통합이 진행된다면 임금은 상승하겠지만 그래도 한국에 비해 저렴한 것은 틀림없다.

저출생과 고령화의 진행을 늦추는 효과도 기대할 수 있다고 한다. 한국 통계청이 2019년에 펴낸 보고서에 의하면, 2015~2020년의 출생률은 한국(1.11)보다 북한(1.91) 쪽이 높고 평균수명은 북한이 10년 정도 짧다. 남북 합계로 생각해보면, 2019년의 고령화율은 13%로 한국 단독의 경우보다 1.9%포인트 낮아지며, 2067년에는 37.5%로 한국 단독의 예측보다 9%포인트나 낮아진다고 한다.

더욱이 북한에는 세계 유수의 지하자원이 있다. 철광석이나 석탄뿐만 아니라 희토류인 텅스텐이나 몰리브덴, 코발트, 티타늄 등도 풍부하며, 세계 최대의 매장량이라고 여겨지는 것도 있다. 매장량 400만 톤이라고도 평가되는 우라늄 광산이 있기 때문에 독자적인 핵개발도 가능하다.

이런 미래 예측을 뒷받침하는 것으로서 한국에서 극찬받고 있는 것이 조지 소로스와 함께 투자 펀드를 운영했던 경력으로 잘 알려진 미국의 투자가 짐 로저스다. 로저스는 2010년대에 들어서서부터 체제 붕괴를 시야에 두면서 북한을 '유망한 투자처'라고 공언하고 있다. 2019년 3월 5일자 《니혼게이자이신문》 영문인터넷판에 의하면, 로저스는 2월 말에 하노이에서 개최된 두 번째 북미정상회담이 결렬로 끝났음에도 불구하고 《니혼게이자이신문》과의 인터뷰에서 "북한은 지금부터 20년간 세계 최대의 투자기회"라고 말했다. 로저스는 북한의 풍부한 지하자원과 저렴하면서도 교육 수준이 높은 노동력, 한국의 풍부한 자금과 경영경험을 이유로 들었다.

5장

한국이 좋다는 청년과
싫다는 중장년 남성

일본 중고생은 왜 한국을 좋아하는가

스스로도 K-팝에 빠졌던 경험이 있으며, 지금은 SNS 마케팅 관련 일을 하는 이이즈카 미치카(飯塚みちか)는 "옛날이었다면 일본 아이돌에 빠져 있을 애들이 지금은 K-팝에 빠져 있다. 일본 엔터테인먼트 업계는 좀 더 위기감을 가져야 한다"라고 말한다.

시마네 현 출신의 1991년생. 고등학생 때 K-팝 팬이 되어, 와세다대학 문화구상학부 4학년 때 한류 아이돌의 마케팅이나 선진적인 스마트폰 비즈니스를 배우고 싶어서 고려대에 유학했다.

대학 졸업 후 SNS 마케팅 일을 하면서, 한국 관련 기사를 인터넷 언론에 쓴다든지 소녀만화 잡지에서 패션이나 한국 트렌드 특집을 할 때 기획을 담당하고 있다.

이이즈카가 마케팅 일을 하면서 느낀 것은, 일본 엔터테인먼트 업계가 초등학생이나 중고생을 상대하고 있지 않다는 것이었다. 저출생의 영향도 있어서, 젊은 층을 타깃으로 삼을 때도 가처분소득이 있는 20대 이상만 대상이 되고 만다는 것이었다. 일본의 지상파 TV가 '아저씨, 아줌마를 위한 것'이 되었다는 말을 듣는 것과 같다.

한편 "K-팝은 제대로 된 세계전략하에 젊은 사람들을 끌어들이는 노력을 하고 있다". 유튜브 등을 활용해 돈이 없어도 즐길 수 있는 콘텐츠를 제공하고, 거기서부터 팬을 확대해 비즈니스를 넓히는 것이 한류 비즈니스의 기본전략이다.

이이즈카와 만나기로 한 곳은 한국 관련 가게나 한국요리점이 즐비한 도쿄의 '신오쿠보'였다. 평일 점심때를 지난 무렵인데도 교복을 입은 여고생으로 보이는 젊은 사람을 많이 보았다. 이이즈카는 "수학여행을 도쿄로 온 지방 학생이 많다"고 한다. 초등학생이나 중고생 대상 잡지의 설문조사에서는 '도쿄에서 알고 싶은 거리' 부동의 1위였던 '하라주쿠'를 '신오쿠보'가 제치는 경우도 생겨났다고 한다.

배경에는 한일 국내시장의 크기라는 문제가 있다. 1억 3000만 명의 인구를 가진 일본은 내수만으로도 나름대로 충족이 되지만, 인구 5000만 명의 한국은 자국 시장만으로는 한계가 있다고 보기 때문이다.

냉전 종결로 시작된 세계화의 파도 속에서 한국의 엔터테인먼트 업계가 세계시장에 눈을 돌린 것은 자연스러운 일이었다. 그러한 구도는 경제 전반에 걸쳐 공통적으로 볼 수 있다. 게다가 한국 정부는 한류 콘텐츠를 통한 자국 이미지 향상이 다른 산업에도 파급효과를 낸다고 보아 정책적으로 밀어주었다.

결과적으로 일본 중고생들을 대상으로 마케팅을 제대로 하는 것은 한류 콘텐츠뿐인 셈이다. 이이즈카는 한류 콘텐츠가 만화 등 일본 대중문화의 세계관을 능숙하게 받아들여 캐릭터를 만들어내고 있다고 덧붙였다. 그 때문에 일본인이 받아들이기 더 쉽다는 것이다. 일본 엔터테인먼트 업계가 상대도 하지 않았던 젊은 사람들이 자신들을 맞상대해주는 한류로 흐르는 것은 당연하다는 얘기다.

세계에서 한류가 히트하는 이유

이이즈카의 이야기를 듣자 1934년생의 원로 문화인인 이어령 교수를 인터뷰했던 일이 떠올랐다. 노태우 정권에서 초대 문화부장관을 지냈고, 일본에서도《축소지향의 일본인》등의 저작으로 잘 알려진 인물이다.

2012년 서울에서 가진 인터뷰에서 그는 한류에 대해 "순수한 한국 전통문화는 아니다. 서양문화를 새로운 형태로 승화시켜 세계에 발신하고 있다. 그래서 미국이나 유럽에서도 받아들여지고 있다"고 논평했다.

1980년대까지 한국은 일본을 거쳐 서양문화를 수용하는 경우가 많았다. 메이지유신 이후 서양의 근대문명은 일본을 경유해 한반도에 유입되었고, 일본의 식민지배로부터 벗어난 2차 세계대전 종전 이후에도 냉전이 종결될 때까지 그러한 흐름은 계속되었다.

이어령이 말하는 한류의 밑바탕에는 '일본을 경유해 수용한 서양문화'가 많이 포함되어 있는 셈이다. 바로 그렇기 때문에 일본시장과의 친화성이 특히 높아지는 것은 아닐까. 이어령은 또 한국이 빠르게 정보화사회로 진입한 것을 한류의 기반으로 들었다. 그것은 인프라 정비에 뒤늦은 후발국이 선진국보다 디지털 기반 정비를 수월하게 한다는 세계적인 현상과도 통하는 것이다. 기존 자산을 어떻게 할까 고민하지 않아도 되고, 디지털 기반은 저렴하게 구축할 수 있기 때문이다.

이어령 교수는 "우리는 아날로그 시대에 뒤처졌던 바로 그 때문에 디지털 세계에 직접 들어갈 수 있었다. 일본처럼 산업화 시대의 축적이 많았다면 그것에 손발이 묶여서 앞으로 나아가는 데에 고생했을 것이다. 전화위복이라는 말이 있듯이 후발의 이익을 누릴 수 있었던 것은 운이 좋았다"고 말했다.

많은 이가 지적하는 것인데, 최근 수년 동안 한류가 붐을 일으킬 수 있었던 배경에는 스마트폰 등장과 SNS의 급속한 보급이 있다. SNS는 어린이들의 세계에도 커다란 영향을 주고 있다. 초등학생이나 중고생의 세계에서는 인기나 영향력의 크기를 '스쿨 카스트(cast)'라는 말로 표현한다고 하는데 카스트 상위에 있는 여학생들은 모두가 동경하는 것을 가진 '멋진' 애들이다. 이이즈카가 중고생이었던 2000년대 전반에는 휴대전화를, 수년 전부터는 스마트폰을 갖고 있는가가 커다란 요소가 되었다.

'멋짐'을 연출하는 상위 카스트 아이들 사이에서 한류 굿즈(goods)는 '귀엽다'고 평가되었고, 그것이 SNS를 통해 확산되었다. 지금 유행하고 있는 한류는 기본적으로 '인스타그램에서 돋보이는' 것이다.

다만 부모의 교육방침의 영향으로 그러한 카스트에 아예 들어가지 않는 아이들도 있는데, 그러한 아이들은 한류에도 관심을 보이지 않는다. 그래서 "중고생 사이에서 한류 붐이라고 하지만 우리 아이 주위에는 그런 애들이 없다"고 말하는 어른도 있다.

그러한 인식의 차이는 현재 사회구조를 생각하면 이상할 것도 없다. 인터넷의 발달로 개인의 취미나 기호가 세분화되었고 자기 나름대로 충분히 즐길 수 있는 세상이 되었기 때문이다. 인터넷상의 특정 그룹 속에서 폭발적인 유행이 일어나는데 그 그룹에 속하지 않는 사람들에게는 전혀 관심을 끌지 못하는 것도 일상적인 일이다.

연말의 NHK 홍백전(12월 31일 저녁에 방송되는 가요 프로그램. 1980년대 중반까지는 시청률 70~80%를 기록했다)이라는 프로그램은 지금도 계속되고 있지만, 옛날처럼 '국민 아이돌'

따위는 없으며 가족 모두가 아는 가수나 노래조차도 흔치 않게 되었다. 3차 한류 붐도 같은 이유로 관심을 갖지 않는 사람의 시야에는 들어오지 않는 것이다.

1960년대 이후의 문화 상황(culture scene)을 대학 시절에 연구한 이이즈카는 한류 붐에는 반항문화(counter culture)로서의 기능도 있다고 지적한다. 그 당시의 비틀스나 미니스커트, '미유키족'(기존질서에 구애받지 않는, 자유롭게 생각하고 행동하는 청년들의 한 유형—옮긴이)과 마찬가지로 기성세대가 이해할 수 없다는 이유 때문에 젊은 사람들 사이에서 인기가 생긴다는 것이다. 한국도 일본도 젊은 사람들이 숨 막힌다고 느끼는 어려운 지경이라 서로 공감하는 부분이 있다고도 말한다. "기성세대가 청년들을 잘라버리듯 상대하지 않는 것은 한일 모두 같다. 사회 문제에 대한 의식은 한국과 일본의 차이보다는 세대 간 차이가 더 크다. 어린이나 청년들은 기성세대가 생각하는 것만큼 단순하지 않다. 청년들이 사회 문제에 관심을 갖지 않는다고 말하지만 정치가 청년들을 마주 바라보며 상대해왔다고 말할 수 있겠는가." 이이즈카의 물음에 기성세대는 어떻게 대답할 수 있을까.

한국을 선망하는 일본 청년들

1967년생인 나는 이이즈카가 말하는 기성세대다. 중고생 무렵에는 한국에 관해 생각해본 적도 없었다. 20대 초였던 1988년 여름에 배낭여행 차 처음 한국을 방문했는데, 한국을 여행지로 선택한 것은 한 달 앞으로 다가온 서울 올림픽과도 관계가 없었고 단지 아르바이트를 해서 모은 예산의 제약으로 한국밖에는 갈 데가 없었기 때문이었다. 그런데 3주 동안 홀로 여행하면서 '일본과 같은 듯 다른' 이웃 나라에 관심을 갖게 되었고, 결국은 한반도 정세를 전문으로 하게 되었다. 인생이란 재미있는 것이다.

인연이 있어서 이듬해에 서울에서 한국어를 공부하게 된 이래, 한국 노래나 영화에 그 무렵부터 친숙해졌다. 또래 일본인 중에서는 한국문화에 친근감을 갖는 편일 테고, 일본 청년들에게 한류가 인기라고 들어도 이상하다고 보지 않는다. 한국을 '위에서 내려다보는 시선'으로 바라보는 경향이 일본 중장년 세대에 남아 있다는 말을 하면 청년들로부터 "왜 위에서 내려다보게 되는가"라는 말을 듣게 되는데 그것도 익숙해졌다.

하지만 일본인 대학생들과 한국인 유학생들을 모은 심포지엄의 사회를 맡았을 때, 일본인 학생으로부터 "한국은 선망의 대상"이라는 말을 들었을 때는 놀랐다. "'한국에서 유행하고 있다'는 말은 일본에서는 선전문구"라는 것이다.

내 세대의 감각으로 말하자면, '뉴욕의 최첨단'이라든가 '프랑스에서 유행' 같은 말과 닮은 인상인 것 같다. 나중에 20대 기자에게 물어보니 "10대 무렵부터 보아온 한국에는 '최첨단'이라는 이미지가 있다"는 답이 돌아왔다.

심포지엄에 참가한 릿쿄대학 1학년생인 쓰쿠바 마리모 (筑波まりも)는 초등학교 3학년 무렵 동방신기의 팬이었던 어머니의 영향으로 한류에 접촉하게 되었다. 드라마로 본 이웃나라에는 일본 편의점이 있었고 일본 음식이나 제품이 당연한 듯 비치고 있었다. 도라에몽도 나왔다. 일본 문화가 받아들여지고 있다는 걸 알게 되자 먼 것만 같았던 '외국'을 가깝게 느끼게 되었다. 한편으로 드라마를 보는 것만으로도 '생각하는 것을 바로바로 입에 담고 사람과의 거리감이 가까워 보이는 등, 일본과 비슷한 듯하면서도 비슷하지 않다'고 생각했다고 한다.

초등학교 6학년이 된 쓰쿠바가 여름방학을 보내던 때

이명박 대통령이 독도를 방문하면서 주변 분위기가 바뀌었다. TV에서는 한국에 대한 험담만 흘러나왔고, 같은 반 친구는 "한국 같은 나쁜 나라를 왜 좋아하냐"고 말했다. 어머니와 함께 서울을 여행해보니 친절한 사람들뿐이었고 드라마를 보아도 일방적으로 일본을 싫어하는 느낌은 들지 않았지만 "한국문화를 좋아한다"고 말하기가 꺼려지게 되었다. 인터넷에서 한국에 대한 험담을 많이 보다 보니 어른을 보면 "이 사람도 속으로는 한국을 싫어하는 게 아닐까"라고 안색을 살피게 되어버렸다.

쓰쿠바는 언론이나 어른들의 이야기가 일방적이라고 생각해 한국 측이 하고자 하는 말도 알고 싶어졌다. '대학생이 될 때쯤에는 한국어를 읽을 수 있게 되어서 스스로 확인하고 싶다'는 생각으로 중학교 2학년 때부터 집 근처의 한국어 학원에 다녔다. 그 결과 대학에서는 한국어 상급반에 들어갔는데, "상급반에 있는 학생들은 단순히 K-팝을 좋아하는 정도가 아니라 한국 문학이나 언론 등에도 관심을 넓히고 있다"고 한다.

한일의 정치적 대립에 대해서는 "서로 너무 감정적이라서 틀어지고 있다. 나도 정치적인 이야기에서는 한국의 주장이 이상하다고 생각하는 점이 있지만, 그것과 문화는 별개다. 정치적인 대립 때문에 민간교류를 중지한다는 건 바보 같은 이야기다. 너무 정치에 휘둘린다"고 말했다.

'관광은 평화의 여권'이라는 말이 있다. UN이 1967년을 국제관광의 해로 지정했을 때 만든 슬로건이다. 대학에서 관광을 전공하는 쓰쿠바는 이 말을 입에 올리면서 "실제 왕래를 함으로써 오해를 없앨 수 있다"고 역설했다.

3차 한류 붐의 실체

3차 한류 붐은 실제로 어느 정도일까. 우선 1차와 2차 한류 붐부터 살펴보자. '1차 한류 붐'은 2003년에 NHK가 BS (위성방송)에서 드라마 〈겨울연가〉를 방송한 것을 계기로 일어났다. 주연인 '욘사마', 즉 배용준을 쫓아다니는 중장년 여성을 중심으로 일대 붐이 일어났다. 나는 그때 서울 특파원이었는데 서울 시내 호텔에서 열린 이벤트에 등장하는 배용준을 보려고 일본인 여성 팬들이 밀어닥친 모습에 놀랐다. 그 후 한국 드라마가 일본 지상파에서 방송되는 일은 드물지 않게 되었고, 〈대장금〉으로 많은 남성이 이영애 팬이 되기도 했다.

〈겨울연가〉 방송 1년 전에는 월드컵이 한일 공동개최로 열렸다. 일본 정부가 매년 가을부터 겨울에 걸쳐 실시하는 '외교에 관한 여론조사'에서는 1990년대 중반까지 40% 전후였던 '한국에 친근감을 느낀다'는 비율이 1990년대 말부터 상승하기 시작했다. 2000년에는 서울 올림픽이 있었던 1988년(50.9%)을 웃도는 51.4%가 되었고, 2003년에는 55%였다. 1차 한류 붐은 많은 사람들에게 인지되었고, 2004년에는 '유행어 대상 톱 10'에 〈겨울연가〉가 뽑혔다.

한편 2010년에는 드라마 〈미남이시네요〉가 '후지텔레비'에서 방송되어 주연인 장근석의 인기에 불이 붙는 것으로 '2차 한류 붐'이 시작되었다. 2차 한류 붐에서는 K-팝이 특히 주목된다. 걸그룹인 '소녀시대', '카라'나 남성 그룹인 '동방신기', '빅뱅', '2PM' 등이 주도했다.

2차 한류 붐은 한국 경제가 '리먼 쇼크' 후의 세계적 불황을 재빨리 극복해서 V자 회복을 이루어낸 시기와 겹친다. 세계시장에서 삼성전자로 대표되는 한국 기업의 존재감이 커지자, 일본에서는 "일본 기업은 왜 삼성에게 계속해서 패

배하는가"《문예춘추(文藝春秋)》, 2010년 2월호) 등의 기사가 잡지를 요란하게 장식했다.

삼성전자는 미국 인터브랜드가 산출하는 '세계 브랜드 순위'에서 2012년 9위가 되면서 처음으로 베스트 10에 들어갔고, 10위인 도요타를 앞질렀다. 그 후에도 삼성의 쾌속 진격은 계속되었다. 2019년 1위는 애플이며 구글, 아마존, 마이크로소프트, 코카콜라로 이어지고 6위가 삼성, 7위가 도요타였다.

2차 한류 붐의 절정기는 2012년 여름까지일 것이다. 2011년 NHK 홍백전에는 동방신기, 소녀시대, 카라 등 K-팝 스타 세 팀이 등장했다. 그러나 2012년 8월 이명박 대통령의 독도 방문으로 단번에 열기가 식어, 그해의 홍백전에서 K-팝 스타는 모습을 감추었다.

이제 3차 한류 붐을 살펴보자. 3차 한류 붐의 특징 가운데 하나는 기점이 '2016년부터 이듬해에 걸쳐서'라는 식으로 명확하지 않다는 것이다. TV나 잡지 같은 기존 매체를 통한 드라마나 K-팝에 대한 접촉이 출발점이 된 그 전과는 달리, 3차 붐은 화장품이나 패션, 식품 등 '상품'이 SNS에서 인기를 끄는 형태로 시작되었기 때문이다. 연령층으로는 10대에서 20대에 걸친 유행이며, 중장년 세대를 포함하지 않는 점도 특징으로 꼽힌다.

한국콘텐츠진흥원의 일본 현지기관이 정리한 3차 한류 붐에 관한 보고서는 "일본에서는 2015년 전후부터 10대, 20대 여성들을 위한 패션 잡지의 휴간 또는 폐간이 이어졌다"는 것과 2000년 이후에 출생한 여성 중고생이 '디지털 네이티브 세대'인 점 등을 3차 한류 붐의 배경으로 들었다. 이는 일본 엔터테인먼트 업계가 중고생을 바라보지 않고 있다는 이이즈카의 지적과도 맥을 같이한다.

세대차는 여러 순위 발표에서도 여실히 나타난다. 30대 이상 직장인을 주요 독자로 삼는《닛케이 TRENDY》의 '히트상품 베스트 30'을 보면 2004년에는〈겨울연가〉가 1위, 2011년에는 막걸리가 7위, 한국 건강식품인 '홍초'가 18위에 들어갔는데, 3차 붐의 시기인 2017~2019년에는 한국 관련 상품이 안 보인다.

반면 여성 중고생을 위한 마케팅 지원을 사업으로 하는 AMF사가 선정하는 'JC(여성 중학생) JK(여성 고등학생) 유행어 대상'에서는, 2017년의 인물 부문 1위가 한국의 걸그룹 '트와이스', 물건 부문 1위가 퓨전 한국요리인 '치즈떡갈비',

3위가 한국 화장품 '우유크림'이었다. 2018년에는 물건 부문 2위가 한국 풍으로 촬영할 수 있는 '프리쿠라', 통칭 '핑몬(핑크 핑크 몬스터)', 3위 한국 풍 퓨전 스낵 '치즈도그', 4위가 한일 합동 오디션 프로그램 〈프로듀스 48〉이었다('프리쿠라'는 자기 얼굴이나 모습을 촬영해 씰에 인쇄되는 사진을 찍는 기계의 상품명인 '프린트 클럽'을 줄여서 부르는 말이다―옮긴이).

'핑몬'에 대해서는 "촬영의 설명이 모두 한국어로 되어 있기 때문에 '간코쿠뽀(韓国っぽ, 한국 풍이나 한국 스타일)'라고 해서 인스타그램에 '#핑몬' 태그를 단 사진이 11만 건 이상 올려져 있는 등 여성 중고생을 중심으로 확산되고 있다"라고 설명한다. '간코쿠뽀'는 멋있다는 의미로 쓰인다.

그리고 '빅뱅' 멤버인 D-LITE(대성)를 표지모델로 기용해 '한국통(韓国通)'이라는 80쪽이 넘는 특집을 꾸민 고단샤(講談社)의 여성지 《FRaU》 2017년 7월호는 발매 직후부터 SNS에서 큰 화제가 되어, 긴급 증쇄하게 되었다. 2019년 오리콘 연간 순위에서는 음악 소프트 총 매출액에서 4위가 트와이스, 5위가 BTS였다.

다른 접근도 있었다. 가부장적인 의식이 남아 있는 한국 사회에서 여성으로 살아가는 고단함을 실감나게 그려 한국에서 100만 부 넘게 판매된 소설 《82년생 김지영》의 일본어판이 2018년 12월에 출간되어 한국 소설로서는 이례적으로 14만 8000부(2019년 11월 기준)라는 베스트셀러가 되었다. 한일 작가 열 명의 단편으로 '한국·페미니스트·일본'이라는 특집을 꾸민 가와데쇼보신사(河出書房新社)의 계간 문예지 《문예》 2019년 가을호는 1933년 창간호 이래 86년 만에 두 번째 3쇄를 기록했다.

한류는 다른 나라 시장에서도 신장하고 있다. 한국콘텐츠진흥원에 의하면 음악, 영화, 서적 등을 포함하는 콘텐츠 산업의 수출액은 2005년 12억 달러에서 2010년에는 30억 달러, 2017년에 85억 달러가 되었다. 예전에는 일본 시장 의존도가 30% 이상이었지만, 최근에는 중국에 타이완, 홍콩을 더한 중화권 비중이 수출액의 50% 가까이를 점하고 일본 비중은 20%를 밑돌고 있다.

한국을 방문한 일본인 수를 남녀별·세대별로 비교해보면 흥미로운 경향을 읽을 수 있다(〈표 2〉, 〈표 3〉). 한일 월드컵이 있었던 2002년과 2차 한류 붐이 절정이었던 2011년, 그리고 2018년을 비교해보았다. 그 사이에 일본 여성의 한국 방문자는 크게 늘었고 그중에서도 젊은 여성의 증가

〈표 2〉 한국을 방문한 일본인 여성의 세대별 분포 (단위: 명)

연령대	2002년	2011년	2018년	2002년 대비 2018년 변화
20세 이하	105,314	165,660	262,501	2.49배
21~30세	287,819	515,630	588,259	2.04배
31~40세	153,490	335,037	265,764	1.73배
41~50세	129,764	303,532	284,183	2.19배
51~60세	155,073	320,721	250,046	1.61배
61세 이상	99,035	264,391	179,793	1.82배

출처: 한국관광공사

〈표 3〉 한국을 방문한 일본인 남성의 세대별 분포 (단위: 명)

연령대	2002년	2011년	2018년	2002년 대비 2018년 변화
20세 이하	80,303	84,174	78,679	0.98배
21~30세	193,286	162,130	161,037	0.83배
31~40세	290,041	267,442	191,024	0.66배
41~50세	305,530	313,716	265,257	0.87배
51~60세	330,545	266,810	216,435	0.65배
61세 이상	176,895	253,793	178,382	1.01배

출처: 한국관광공사

세가 가파른 것을 쉽게 알아볼 수 있다. 한편으로 남성은 어느 세대를 보아도 비슷하거나 감소한 것으로 나타났다.

누가, 왜 한국을 내려다보는가

일본 중장년 세대 중에는 3차 한류에 전혀 신경 쓰지 않고 심지어 존재 자체를 모르는 사람도 적지 않다. 앞서 소개한 대학생 쓰쿠바 마리모가 참가했던 심포지엄에서 '한류 이야기'를 들은 70대 남성은 "다 처음 듣는 이야기였다"며 눈을 동그랗게 떴다.

그때 사회를 보았던 나는 청중에게 질문을 받을 때 "연설이 아닌 질문을 해달라. 연설을 시작하면 사회자 권한으로 제지할 수 있다"라고 미리 당부해야 했다. 한일관계 심포지엄에서 질문시간에 '한국 비판 연설'을 늘어놓는 사람을 많이 봐왔기 때문이다.

한국에서는 오래전부터 뜨거운 일본 비판 연설을 하는 '단골손님'들이 있었는데, 일본에서도 그러한 사람이 나타났다는 것이 내게는 놀라운 일이었다.

심포지엄뿐만이 아니다. 2019년 초에 참석한 파티에서 60대 후반으로 보이는 남자에게 자기소개를 하자 그는 바로, "한반도 전문이라니까 묻는데"라고 말을 꺼냈다. 그는 자각하지 못한 듯했는데 상당히 거만한 태도였다.

남자는 "한국은 도대체 뭐냐, 정상이 아니다"라고 한국을 비판하는 말을 이어갔다. 분위기를 좋게 만들 의무가 내게 있는 자리는 아니었지만 그렇다고 해서 내친걸음에 무시할 수도 없다. 할 수 없이 냉전 종결부터 30년간 한일관계가 근본적으로 변화하고 있는 점, 서로 변화한 관계에 적응하지 못해서 정치적인 마찰이 격화하고 있는 점 등을 설명했다. 3장에서 설명한 내용을 간단하게 전한 셈인데, 납득시키지는 못한 것 같다.

그러한 사람들과 대화하면서 느끼는 것은 최근의 한국에 대한 '용서하기 어렵다', '건방지다'라는 감정이다. 그 밑바닥에는 일본이 적어도 국교정상화 이후에는 한국에 대해 배려를 해왔고, 한국 경제 발전을 도왔다는 자부심이 있다. 그렇게 쌓아올린 한일관계를 부정하는 것처럼 보이기 때문에 건방지다고 느끼는 게 아닐까.

그러한 감정을 품게 된 사정은 사람마다 다를 것이며, 그들의 주장이 일리 있는 경우도 많다. 그래서 그들의 생각을 완전히 부정하지는 않겠다. 다만 그러한 감정의 배경에, 한국에 대한 '위에서 내려다보는 시선'을 느끼는 것도 사실이다. 현재의 중장년이 사회에 나왔던 시대에는 한국이 약소국이었으며 일본과는 비교도 안 되는 약한 존재였기 때문일 것이다. 또한 버블경제가 붕괴하기 전의 일본에는 한국이 좀 억지를 부리는 것 같아도 정치경제적으로 받아주는 '여유'가 있었다.

'세 살 버릇 여든까지 간다'고 하듯 젊은 시절의 관점으로부터 자유로워지는 것은 어떤 사람에게도 어려운 일이다. 한국의 국력이 강해진 것을 직시해야 한다고 주장하는 나조차도 그러한 '위에서 내려다보는 시선'에서 완전히 자유롭다고 단언할 자신은 없다. 한류를 동경하면서 자라난 젊은 세대와는 어찌 하더라도 감각이 다를 것이다.

한국을 '느끼는 방식'에 있어서 세대 간에 차이가 있는 것은 당연하다. 그 세대차 자체를 옳다 나쁘다 평가할 생각은 없다. 다만 그러한 세대차가 분명히 존재한다는 건 여론조사 결과에 나와 있다. 알기 쉬운 것은 일본 정부가 매년 실시하는 '외교에 관한 여론조사'다. 미국이나 중국, 한국에 대해 '친근감을 느끼는가' 등의 설문을 매년 조사한다.

2019년 조사에서 한국에 친근감을 느낀다고 한 사람은 26.7%였다. 같은 질문을 1978년에 시작한 이래 가장 낮게 나왔다. 박근혜 정권 초기에 '위안부' 문제로 대립이 격

화해 '고자질 외교'(告げ口外交, 한국이 미국에게 일본의 태도를 비판한 것에 대한 일본의 표현―옮긴이)라는 비난이 일본 국내에서 높아졌던 2014년의 31.5%가 그 전까지의 최저였다. 1987년 민주화 이전에도 40% 정도가 보통이었던 점을 감안하면 바닥이 붕괴된 느낌이다.

흥미로운 것은 세대차다. '한국에 친근감을 느낀다'는 사람이 18~29세에서는 45.7%인데 70세 이상은 17.4%로 3배 가까이 차이가 났다. 다른 연령층도 보면 30대가 32.5%, 40대는 27.1%, 50대 28.9%, 60대 24.7%였다. 연령이 높아짐에 따라 한국에 대한 시선이 험해지는 경향이 명확하다. 남녀 간 차이도 커 여성 30.5%에 비해 남성은 22.3%였다.

《아사히신문》은 2019년 9월 여론조사에서 직설적으로 '한국이 좋은가 싫은가'라고 물었는데 '좋다' 13%, '싫다' 29%, '어느 쪽도 아니다' 56%였다. 여기에서도 세대차는 여실했다. 《아사히신문》은 "18~29세는 '좋다'가 23%로, '싫다'보다 많다. '싫다'는 높은 연령층으로 갈수록 많아지는 경향을 보이며, 70세 이상에서는 41%가 '싫다'고 답했다. 여성은 18~29세, 30대 모두 '좋다'가 20%를 넘어 '싫다'를 웃돌았다. 남성도 18~29세에서는 '좋다'가 20%로 다른 연령층보다 높다. 한편 40대 이상에서는 성별에 상관없이 '싫다'가 '좋다'를 크게 웃돌며 특히 50대 이상 남성의 40%가 '싫다'고 답했다"고 전했다.

'혐한 넷우익'은 이런 사람들이다

'혐한'이라는 말에 명확한 개념이 있을 리가 없다. 한국에 대한 나쁜 이미지의 투영임은 틀림이 없지만 '한국 피로' 정도의 감정부터 헤이트스피치까지 폭넓게 사용된다. 혐오적 언행 역시 SNS에 댓글을 다는 것부터 혐한 단체나 시위에 참가하는 일까지 어느 정도 폭이 있다.

　여기서는 우선 조총련(재일본조선인총연합회)이 운용하는 '조선학교'에 보조금을 지급해야 한다고 주장한 변호사들에 대한 징계청구가 쏟아진 사건을 살펴보고자 한다. 이 사건은 2017년에 '일본변호사연합회'와 각 지방 변호사회가 '조선학교'에도 일반학교와 같이 정부 보조금을 지급해야 한다는 성명을 발표한 뒤 이 성명을 주도한 변호사들을 겨

냥한 것이었다(일본 법령은 위법행위나 '품위를 훼손하는 행위'를 저지른 변호사는 소속 지방 변호사회로부터 징계를 받을 수 있다고 정한다). 그해에 변호사 자격 박탈 등을 요구하는 징계청구가 예년의 40배나 되는 13만 건이 들어왔다. 청구한 인원은 약 1000명으로, 재일한국인에 대한 혐오 글을 자주 올리는 블로그에 선동된 행동이었다.

그 사람들은 오히려 이유 없는 청구를 했다고 각지의 변호사로부터 손해배상청구소송을 당했다. 2019년 10월에는 재일한국인 변호사가 도쿄의 한 남자에게 55만 엔의 손해배상을 요구한 소송에서, "민족적 출신에 대한 차별의식의 발현"이라고 인정해 남자에게 11만 엔의 배상을 명령한 판결이 최고재판소(대법원)에서 확정되었다.

이 문제를 심층보도한 2018년 10월 29일의 NHK 프로그램 〈클로즈업 현대+〉에 의하면, 블로그에서 준비한 징계청구서 양식에 약 1000명이 서명·날인하고 그것을 블로그를 경유해 각 지방 변호사회에 대량 우송했다고 한다. 성명과는 무관한 재일한국인 변호사까지 표적으로 삼았다.

NHK는 징계청구서를 보낸 사람 중 470명의 인적 정보를 찾아냈다. 지리적으로는 전국 각지에 퍼져 있고, 평균연령은 55세, 60%가 남성이었다. 공무원이나 의사, 회사경영자 등 폭넓은 층에 걸쳐 있었다고 한다.

자신에 대한 징계청구를 신청한 712명을 상대로 요코하마 지방재판소에 손해배상청구소송을 제기한 간바라 하지메(神原元) 변호사는 "억울함을 느끼는 청년들이 울분을 발산하기 위해 헤이트스피치를 한다는 생각은 착각이다. 오히려 어느 정도 사회적 지위가 있는 50대 이상인 경우가 많다"고 말했다.

간바라 변호사가 2019년 4월에 연 기자회견에서, 자신의 행동에 대해 사죄하려고 찾아왔다는 한 남자가 있었다. 남자는 정년퇴직 후 우연히 혐한적인 블로그를 보게 되었다. 그 후 그 블로그를 운영하는 인물을 '보수우익의 거물'이라고 생각하게 되어, '신자'로서 블로그의 지시대로 징계청구 보내기를 계속했다. "나름대로의 정의감과 일본을 위해 좋은 일을 하고 있다는 일종의 고양감도 있었다." 남성은 그렇게 말했다.

그리고 "그때까지 많았던 친구들이나 직장 동료들, 거래처 등이 65세를 넘어서 (일을 그만두었더니) 모두 없어지고 말았다. 사회에 참여하지 못한다는 소외감도 있었다. 그러나 (블로그에 따르는 행동을 함으로써) 아직 사회와 연결되어 있다고 새로이 자기승인을 받은 듯한 느낌에 그만 선을 넘은 것 같다"라고 회고했다.

작가인 스즈키 다이스케(鈴木大介)가 2019년 봄에 작고한 아버지에 대해《아사히신문》인터뷰에서 말한 내용도 흥미롭다(《아사히신문》, 2019년 10월 20일자 조간 '경론(耕論)'). 스즈키는 "아버지는 만년에 '넷우익'적인 언동이 현저하게 증가했다. 한국·중국에 대한 비판이나 여성을 비하하는 발언도 많고, 한국 드라마는 '하찮다'라거나 나의 취재 주제였던 청년들의 빈곤에 대해서도 '자기 책임이다(사회가 아니라 본인들에게 책임이 있다는 뜻)'라고 눈살을 찌푸렸다"고 밝혔다.

아버지의 "컴퓨터에는 '혐한', '혐중'이라는 폴더가 있었으며, 즐겨찾기는 우익 편향 뉴스를 모아서 제공하는 사이트로 채워져 있었다"고 한다.

명문대를 나와 고도 성장기에 가정보다 회사 일을 우선하는 '기업 전사'로 인생을 지낸 아버지는 비정치적인 인물이었지만 62세에 퇴직한 이후에는 같은 세대의 친구들과 교류가 많아져 "그 무렵부터 말 한 마디 한 마디에 우익적인 말투가 늘어났고, 베갯머리에는 우파 잡지를 늘어놓게 되었다".

헌법 개정을 주장한다든가 야스쿠니 신사에 참배한다든 가 하는 일은 없었다고 한다. 스즈키는 "아버지나 주위의 또래 남성들에게 '넷우익'적인 언설은 술안주 같은 공통 언 어이며 오락이었을 것"이라고 분석한다.

왜 '혐중'은 고조되지 않는가

한국 인식에 세대 간 차이가 나는 이유에 대해서, 나는 중 장년 일본인이 '위에서 내려다보는 시선'을 다 버리지 못 했기 때문이 아닐까 생각한다. 간바라 변호사도 "사회에서 소외되었다고 느끼더라도 혐한만이 해소 방안은 아닐 것 이다. 역시 '옛날의 한국' 이미지를 갖고 있는 세대라는 점 이 큰 이유가 아닐까"라고 말한다.

한국을 연구대상으로 하는 일본인 친구는 혐한적인 사 람들의 심정을 이렇게 말하기도 한다. "한국이 이제 크게 성장했으니, 일본 역시 한국의 너무한 요구도 받아들여 줬던 옛날과 다른 맞대응을 해야 한다." 이런 사고방식도 국력의 위아래를 판단 기준으로 한다는 점에서 '위에서 내려다보는 시선'의 변형 패턴이라고 할 수 있을 것이다.

다만 일본의 배외주의(排外主義, 다른 민족이나 외국에 대해 적대적인 태도를 보이는 것)에 관한 연구는 이제 막 착수된 단계라서 다른 요인이 작용하고 있을 가능성도 있다. 배외주의에 정통한 와세다대학의 히구치 나오토(樋口直人) 교수에 의하면, 미국과 유럽에서의 배외주의 연구에서는 나이가 많아질수록 배외적이 된다고 알려져 있고 일본 연구에서도 같은 경향을 보이는 경우가 많다고 한다.

한편 미국·유럽과 일본에서 다른 경향을 보여주는 부분도 있다. 하나는, 일본에서는 학력이나 수입은 배외적이 되느냐 아니냐에 거의 관계가 없다는 점이다. 히구치는 "사회경제적 지위가 낮은 층이 배외주의의 기반이 된다는, 저널리즘이나 사회평론에서 되풀이되어온 언설에 배치되는 것"으로 보고 있다. 변호사에 대한 징계청구를 신청한 사람들 가운데 고학력 전문직이 적지 않았다는 것을 보더라도 알 수 있다.

히구치가 참가한 프로젝트에서 2017년 말에 실시한 7만

7000명 규모의 인터넷 조사에서는 반한국·반중국을 내세우는 배외운동이나 한국, 미국 같은 나라에 대한 '감정온도'를 조사했다. '감정온도'는 50을 '중립'으로 하여, '좋다'면 51부터 100까지의 어느 정도일까, '싫다'면 0에서 49의 어느 정도일까를 묻는 것이다.

〈표 4〉, 〈표 5〉는 히구치로부터 제공받은 집계 결과 일부다. 미국에 대한 감정온도는 51.4로 한국 28.2, 중국 27.1보다 높다. 또한 미국과 중국에 대해서는 세대, 성별에 따른 차이가 별로 없었지만, 한국에 대해서는 '젊은 쪽이 호의적', '남성보다 여성이 호의적'임이 분명하다.

히구치 교수는 배외운동에 대한 감정온도를 가로축, 한국에 대한 감정온도를 세로축으로 여러 속성의 사람들이 어디에 위치하는지 알아볼 수 있는 도표를 그렸다(〈도표 2〉). 그 결과, '배외운동에 부정적이며 한국이 좋다'라는 왼쪽 상단에서 '배외운동에 호의적이며 한국은 싫다'라는 오른쪽 하단으로 이어지는 말끔한 분포가 그려졌다.

여성은 '배외운동에 부정적이며 한국이 좋다'는 경향을 가지며, 남성은 그 반대다. 연령에서도 고령일수록 배외적이 되었다. 한편으로 학력이나 수입은 커다란 영향을 주지

〈표 4〉 한국, 중국, 미국에 대한 일본인의 세대별 감정온도

연령대	한국	중국	미국
20대	36.6	32.6	51.4
30대	31.3	28.8	51.2
40대	27.9	27.2	50.7
50대	26.3	25.2	51.5
60대	23.9	24.7	52.3
70대	25.2	27.2	53.7
전체	28.2	27.1	51.4

출처: 히구치 나오토 와세다대학 교수 제공

〈표 5〉 한국에 대한 일본인의 남녀별 감정온도

연령대	남성	여성
20대	32.3	38.2
30대	26.7	34.7
40대	24.7	31.6
50대	23.9	29.4
60대	22.6	27.2
70대	23.5	28.1
전체	24.7	32.3

출처: 히구치 나오토 와세다대학 교수 제공

않는다. 직업에 관해서는, "학생이 연령효과 이상으로 돌출해 배외주의 반대에 위치하고 농업, 관리직, 자영업자, 경영

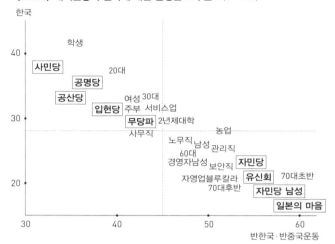

〈도표 2〉 배외운동과 한국에 대한 감정온도의 분포(0~100)

주: 정당명은 지지정당, 상하는 계층귀속의식, 점선은 전체의 평균이다.
출처: 히구치 나오토 와세다대학 교수 제공

자, 보안직은 일정 정도 배외적으로 볼 수 있다"고 한다.

　가장 강한 연관성을 보인 속성은 지지 정당이었다. 사민당, 공명당, 공산당, 입헌민주당의 지지자는 '배외운동에 부정적이며 한국이 좋다'라는 왼쪽 상단에 위치하지만, 자민당이나 일본유신회, '일본의 마음' 지지자는 오른쪽 하단에 있다. 히구치는 "(각 정당의) 이데올로기적 위치가 아주 충실하게 반영된 것이며, 계층보다는 정치를 매개로 한 배외주의로서 분석해야 할 것"이라고 말한다.

더욱이 미국이나 유럽에서는 고학력일수록 반이민 감정이 약한 데 비해, 일본에서는 고학력인 관리직이나 경영자층이 오른쪽 하단에 위치한다. 그 점에 관해서는 "보수적인 사고방식과 강한 친화성을 갖는 것"으로 보인다고 한다.

세대 간 차이에 관해서 조금 더 생각해보자. '외교에 대한 여론조사'에서 한국에 대한 친근감의 분명한 세대차가 나타나기 시작한 것은 2012년이다. 2011년 조사에서 '한국에 친근감을 느낀다'라는 답은 20대 61.4%, 60대 61.7%, 70세 이상 54.4%였다. 20대와 60대가 거의 같으며, 70세 이상이 낮다고 해도 20대와의 차이는 7%포인트뿐이다.

2012년 조사에서는 20대 53.8%, 60대 37.5%, 70세 이상 23.8%였다. 조사 시기가 이명박 대통령의 독도 방문이나 일본 천황에 대한 사죄 요구 발언으로부터 한 달 반밖에 지나지 않은 시점이라 전체적으로 뚝 떨어진 결과는 놀랄 일이 아니다. 그런데 20대는 감소폭이 7.6%포인트에 그친 데 비해 60대와 70세 이상의 감소폭은 각각 24.2%포인트와 30.6%포인트로, 20대와 70세 이상의 격차는 30%

포인트로 벌어졌다.

이러한 세대차는 2012년 이후 계속되는 추세가 되었다. 2019년 조사에서도 18~29세와 70세 이상의 격차는 28.3%포인트나 되었다.

비교대상이 될 만한 것이, '중국에 친근감을 느낀다'가 급감한 해다. 천안문 사건이 일어난 1989년과, 중국이 영유권을 주장하면서 어선이나 해양경찰 선박을 주변 해역에서 활동하게 하고 있는 센가쿠 열도 앞바다에서 일본 순시선과 중국 어선이 충돌한 사건을 계기로 중국이 희토류의 대일 수출을 제한한 2010년이다.

1989년 조사에서 '친근감을 느낀다'는 전년대비 16.9%포인트 하락한 51.6%. 전 세대 가운데 20대만이 50%를 밑돌았지만 그래도 20대와 70세 이상의 격차는 8.9%포인트였다. 2010년에는 전년대비 18.5%포인트 하락한 20%까지 뚝 떨어졌지만 세대 간 차이는 거의 없었다.

중국과 한국에 대한 이런 차이에 관해 히구치 교수는 "한류의 영향이 있지 않을까"라고 했다. 한국에 대해서는 젊은 층의 감정 악화에 한류가 제동을 건다는 것이다.

한편 한국과 중국에 대한 호감도는 똑같이 낮은 수준인

데, 혐오행위의 대상이 되는 일은 한국이 압도적으로 많다. "한국과의 마찰 원인은 역사 문제에 한정되는 데에 비해, 중국에 관해서는 마찰 요인이 많기 때문 아닐까?" 히구치 교수는 그렇게 말한다. 역사 문제는 '반일로 트집을 잡는다'라는 감정적 반발로 연결되기 쉽다는 것이다.

다만 한국 측 시각으로 보면 다른 해석이 되는 것 같다. 중국은 국력이 강하지만 한국은 그렇지 않다고 일본에서 인식되어서 일본이 중국에 저자세이면서 한국에는 강압적으로 나온다는 것이다. 일본에서 그런 의식이 전혀 없을 때라 하더라도 한국에서는 늘 듣는 시각이다. 유교의 영향으로 한국 사회는 서열에 아주 민감하다는 것이 배경에 있을 것이다. '1965년과는 비교할 수 없을 정도로 한국의 국력이 강해졌기 때문에 일본과의 관계를 달리 보아야 한다'는 의식과 같은 뿌리다.

6장

한일은 사이좋게
지내야 하는가

아베 총리의 조부가 한일정상화를 서두른 이유

아베 총리의 할아버지인 기시 노부스케(岸信介)는 1960년 총리 퇴임 후, 한국과의 국교정상화를 서둘러야 한다고 각지의 강연회 등에서 강하게 주장했다. "부산까지 공산주의가 침투해왔을 때 일본의 지위를 생각하면, 특히 근접한 주고쿠 지방(혼슈 서남부 지방의 오카야마, 히로시마, 야마구치, 돗토리, 시마네 등 5개현을 포함하는 지역의 총칭―옮긴이)의 야마구치현 등으로 보자면, 치안상 매우 중대한 문제"라는 안보상 위기감이 배경에 있다.

한국전쟁 개전 직후에 북한군이 부산 근교까지 쳐들어 왔기 때문에 당시로서 허풍은 아니었다. 역사적으로 보더라도 청일전쟁과 러일전쟁이 모두 한반도를 둘러싼 전쟁이었으니 기시의 생각은 이상하지 않다.

　한국에서는 1961년에 군사 쿠데타를 일으킨 박정희가 권력을 장악하고 있었다. 기시는 일본 각지의 강연에서 이렇게 말했다. "혁명을 일으킨 박정희 등의 무리가 하고 있는 짓은 어떤 의미에서 말하자면 '자유한국'을 지키는 마지막 남은 결정적인 카드다." "그러한 상황으로 말하자면 일본과 한국의 국교가 정상화되고, 그리고 상당한 경제 원조를 일본과 미국이 함께 해서 한국의 경제기반을 만들어주지 않으면 안 된다." "박 정권이 잘하지 못하면 큰일이 난다. 지금 아니면 그렇게 할 수 있는 때는 없다." 〔오오카 엣페이(大岡越平), 〈'자유한국'을 지키다('自由韓国'を守る)〉, 《주오코론(中央公論)》 1962년 1월호〕

　기시는 이렇게도 말했다. "다행히도 한국은 군사정권이기 때문에 박정희 등 소수의 지도자가 말하는 대로 된다. 일본이 돈을 왕창 쓰는 호기를 부려도 한국 측이 청구권 문제로 만족하지는 않겠지만, 어느 정도의 금액으로 박 의장

(박정희는 당시 '국가재건최고회의 의장'이었다)을 납득시키기만 하면 저쪽에는 국회도 없고, 또 신문이 반대한다 해도 박 의장이 그것을 봉쇄할 테니 괜찮을 것이다."

실제로 박정희는 우격다짐으로 한국 내 반대여론을 짓눌러버리고 일본과의 국교정상화를 강행했다. 교섭이 막바지에 이르던 1964년 봄에 "식민지배에 대한 사죄가 없다", "배상도 너무 적다" 등의 이유로 '굴욕외교 반대' 운동이 고조되었던 것을 비상계엄령이라는 강경수단으로 억누른 것이다. 한일회담이 최종 국면에 들어선 이듬해인 1965년 봄에도 수만 명의 반대 시위가 반복되었지만, 박정희는 한일조약 조인 전날에 또 다시 비상계엄령을 내려서 강행돌파했다.

박정희 정권은 경제개발 자금을 필요로 했고, 일본은 기시가 말하는바 '어느 정도의 금액'으로 한국과의 전후처리를 끝내고 싶었으며, 베트남전쟁의 수렁에 빠져들어 손쓸 여유가 없게 된 미국은 한일관계의 안정이 필요했다. 최종적으로는 미국의 압력이 세게 작용했다고 하지만, 한미일 3국 정부의 속셈이 일치한 결과였다고 할 수 있다.

기시의 발언에서 보듯 당시 일본 측에는 '위에서 내려다

보는 시선'이 있었다. 다만 한편으로 당시 일본에는 "한국에 폐를 끼쳤다"는 속죄의식도 있었으며, 조약에 의해 정해진 의무를 넘어서서 기술공여에 적극적인 경제인도 있었다.

포항종합제철(현 포스코) 40주년이 되는 2008년, 《중앙 일보》 인터뷰에서 초대 회장 박태준은 "박정희 대통령의 제철 입국 집념과 이나야마 (신일본제철) 회장의 전폭적 지원이 없었다면 오늘의 포철은 존재하지 않았을 것"이라고 말했다. 박정희가 추진한 종합제철소 설립은 세계은행으로 부터 '시기상조'라고 융자를 거절당하는 등 난항을 거듭한 끝에 일본으로부터의 국교정상화 자금과 기술협력에 의해 실현된 사업이었다.

대미 불신을 배경으로 하는 박정희의 '자주' 노선이 있기는 했지만, 한미일 협력의 기본 구도는 냉전 말기까지 변하지 않았다. 그리고 냉전 말기를 전후해서 한국과 일본의 관계를 규정하는 요인의 많은 부분이 변했다. 그 변화는 특히 한국 측에 큰 의미를 갖는 것이었다.

한국이 경험한 냉전 말기 이후의 일들을 되돌아보면, 민주화(1987) – 서울 올림픽(1988) – 냉전 종결(1989) – 소련과 국교 수립(1990) – UN 남북 동시 가입(1991) – 중국과 국교 수립(1992) – 32년 만의 문민정권(김영삼 정권) 출범 (1993) – OECD 가입(1996) – IMF 위기(1997) – 첫 남북정상회담(2000) – 한일 월드컵 공동개최(2002) 등으로 이어진다. 이 과정에서 이미 일본에 대한 의존도는 급속히 떨어졌으며 '탈일본'이라고 할 만한 현상이 눈에 띄게 되었다.

그리고 21세기 한국에 있어서 지극히 큰 의미를 갖는 것이 2010년에 서울에서 열린 G20 정상회의다. 103년 전인 1907년에 일어난 '헤이그 밀사 사건'에서 맛보았던 굴욕의 응어리를 풀게 되었기 때문이다.

헤이그 밀사 사건은 한일보호조약(을사늑약, 1905)에 의해 외교권을 일본에 빼앗긴 부당성을 호소하려고 헤이그에서 열린 제2회 만국평화회의에 파견된 한국의 밀사가 회의장에 입장하는 것조차 거부당한 사건이다. 밀사를 파견한 황제 고종은 초대 한국통감이었던 이토 히로부미에 의해 퇴위로 내몰렸다. 1910년 한일병합에 의해 나라를 잃기까지의 과정에서 특히 큰 사건이었다.

그렇기 때문에 G20 정상회의 때 한국에서는 모두가 기뻐했다. 의장을 맡은 이명박 대통령은 "개최국으로서의 역사적 사명"을 국민에게 말했고, 서울 도심을 흐르는 청계천에는 정상회의 성공을 기원하는 2만 7000개의 등불이 장식되었다.

사전에 제작된 홍보영상들에 공통되는 스토리는 '한국전쟁 후 폐허에서 일어서기 위해 국제사회로부터 지원을 받던 한국이 이제는 리먼 쇼크로부터 재빨리 회복했다고 미국이나 유럽 선진국으로부터도 칭찬을 받고 있다'는 것이었다. 한 영상의 제목은 〈G20 KOREA 세계의 중심에 서다〉였다.

청와대에서 G20 유치 지휘를 맡았던 사공일 전 경제특보는 당시 심경을 묻는 나의 질문에 "(헤이그 사건 때는) 국제사회의 일원으로서 대접받지 못했다. 하지만 이제 세계에서 가장 영향력이 있는 20개국 회의의 의장을 맡게까지 되었다. 감개무량하다"고 답했다.

한국은 2019년 10월, 세계무역기구(WTO)에서 개발도상국에게 허용되는 특혜를 앞으로는 주장하지 않겠다고 발표했다. 많은 국제기관이나 국제조약에서는 선진국 쪽에 엄격한 의무를 부과하고 있다. "선진국 취급해도 좋다"라고 말하는 나라는 거의 없는데, 실리보다 명분을 중시하는 한국다운 결정이다.

경제적으로도 정치적으로도 한국은 옛날과 같은 약소국이 아니다. 일본과의 관계가 생명선이었던 것은 이미 지나간 이야기다. '촛불혁명'의 고양감 속에서 태어난 문재인 정권에 그것은 더 이상 의식할 것도 없는 일일 것이다.

일본에게는 한국이 더욱 중요한 나라로

반면 일본에게 한국의 필요성은 안보 면에서는 크게 변한 것이 없고, 경제 면에서는 오히려 무게를 더하고 있다.

우선 안보를 생각해보자. 문재인 대통령은 2019년 11월에 TV에서 중계된 〈국민과의 대화〉에서 일본과의 지소미아에 관해 질문을 받자 "일본은 미국이 제공해주는 안보 우산(핵), 우리가 하고 있는 방파제 역할에 의해서 말하자면 방위비용을 적게 들이면서 자신들의 안보를 유지하고 있다"고 지적했다. 일본의 방위비는 GDP 대비 1%인 반면, 한국은 2.6%나 된다고도 말했다. 일본에 방위비를 더 쓰라는 듯한 이상한 뉘앙스는 차치하고 '방파제'라는 말은 기시의 인식과 다르지 않다. 냉전 시대에는 북한과 그 배후에 있는 소련의 위협에 대한 방파제였다면 현재는 '소련'이 '중국'으로 바뀌었다.

또한 일본에게 직접적인 위협이 된 북한 문제에 대처하는 데에는 한국의 협력이 필수다. 한국의 협조를 얻지 못하면 일본이 부담할 정치적·경제적 비용은 증가할 수밖에 없다.

미중 대립 격화라는 상황에서도 한국이 어떠한 태도를 가지는지가 일본에 큰 영향을 준다. 주한미군 철수 등이 현실화된다면 일본의 안보정책은 재검토 압박을 받게 될 텐데 일본의 재정력이 그 부담을 견딜 수 있을지는 의문이다.

경제 면에서는 큰 변화가 일어났다. 《니혼게이자이신문》은 수출규제 강화가 발동되기 4개월 전인 2019년 3월 14일자 조간에서 "한국, 일본의 경제제재 경계"라는 기사를 국제면 톱으로 실었다. 아소 다로(麻生太郎) 부총리 겸 재무상이 국회 답변에서, 강제징용 문제와 관련해 한국을 상대로 취할 수 있는 조치에 대해 "관세로만 국한하지 않고 송금 정지, 비자 발급 정지 등 여러 가지 보복조치가 있을 수 있다"고 말한 것을 떠올리게 하는 기사였다. 실제로 수출규제 강화의 대상이 된 불화수소 등을 염두에 두고 있다는 관측은 그 무렵부터 보도되고 있었다.

다만 그 기사는 "한국이 경계하고 있다"는 것으로 끝나지 않았다. 기사에는 "수평분업, 쌍방에 타격"이라는 헤드라인도 걸려 있었는데 이 점을 무시 못하는 것이 오늘의 현실이다. 삼성전자 등 한국을 대표하는 기업이 일본의 부품·소재에 의존하고 있는 것은 사실이지만, 뒤집어 말하면 일본의 부품·소재 업체들에게 한국 기업은 중요한 큰손 고객이다. 요새 '도레이' 등이 첨단 공장을 한국에 건설하고 있는데, 큰 이유 중 하나가 고객인 한국 기업과의 협업체제를 구축하는 것이다.

일본이 수출규제 강화를 발표했을 때 내가 취재 차 만난 정부관계자는 실제로 수출을 멈출 생각은 없음을 처음부터 인정하고 있었다. 어디까지나 강제징용 소송의 중대성을 한국에 인식시키고 싶었던 것뿐이었다. 한국의 반도체 생산에 지장을 준다면 한국에서 반도체 공급을 받는 여러 나라 공장에 악영향을 주어서 일본이 나쁜 놈이 될 수 있었기 때문이다.

그러나 한국의 반응은 일본이 기대했던 것과는 달랐다. 한국 정부는 대항조치로서 산업의 대일 의존도를 낮추기 위한 기술개발에 대규모 지원을 한다고 발표하고, 다른 나라로부터의 대체품 수입도 추진했다. 어떻게 하더라도 일본제를 쓰지 않으면 안 되는 부품과 소재는 여전히 남겠지만, 대체품 확보가 용이한 것은 조달처의 다변화를 서두를 가능성이 높다.

국산화가 어렵더라도 미국이나 독일 등에서 수입할 수 있는 소재나 부품, 제조기계는 적지 않다. 미국의 화학 대기업 듀퐁이 2020년 1월, 일본이 수출규제를 강화한 세 품목 중 하나인 포토레지스트(감광재)를 한국에서 생산한다고 발표했다. 포토레지스트는 이제까지 일본 기업이 세계시장을 90% 넘게 장악하고 있었는데, 큰 고객인 한국의 반도체 산업에 대한 납품이 줄어든다면 영향은 심대하다. 《니혼게이자이신문》은 "한국 정부는 반도체 소재의 국산화라는 이유를 들어 외자기업의 공장 유치를 촉구하고 있으며, 듀퐁과 같은 움직임이 늘어난다면 일본 기업 경쟁력에 영향을 줄 가능성이 있다"고 전했다.

한국 부품 업체들의 힘이 세지고 있는 점도 무시할 수 없다. 통계분류 코드의 종류에 따라 약간의 차이는 있지만, 한일 간의 자동차부품 무역에 관해서는 2014년 무렵에 수

지가 역전되었다. 그 전에는 계속 일본의 흑자였는데 한국의 흑자로 바뀐 것이다. 동일본대지진(2011) 때 일본제품의 공급 중단으로 타격을 받은 한국 완성차 업체가 일본제 부품의 의존도를 낮추었고, 한국 제품의 성능이 좋아졌다며 일본 업체가 한국 부품 수입을 늘렸기 때문이라고 한다(한성일, 〈일본의 대한국 자동차부품 무역의 적자 전환과 규슈 자동차산업에의 영향〉, 《동아시아에의 시점(東アジアへの視点)》, 2015년 12월호).

한국에서 일본의 존재감은 정치(안보)와 경제 양면에서 1980년대 후반부터 오로지 하강 외길이었다. 반면 일본에서 한국의 존재감은 그렇게 단순하지 않다. 냉전시대에 약소국이었던 한국이 국력을 신장시킴에 따라 오히려 존재감을 높였다고 할 수 있다. 중국의 대두라는 냉전 후 지역 정세도 한국에서는 일본의 존재감 저하를 초래했다. 한일 양국의 그러한 차이가 한국의 대일 외교를 너무 가볍게 만들고 동시에 거기에 대한 일본의 대응을 어렵게 했다. 그렇게 생각하면, 일본 쪽이 어려운 입장에 서게 되었다고 할 수 있다.

한일관계가 좋으면 이득이 있는가

냉전 종결 후에 진행된 세계화로 국경을 넘는 경제활동이 당연한 일이 되었다. 여러 나라 공장에서 생산된 부품으로 완제품이 만들어지고 세계시장에 출시된다. 지리적으로 가깝고 서로 고도기술을 가진 한국과 일본의 경제가 밀접하게 연결되는 것은 자연스러운 일이다. 그래서 한국 경제에서 일본의 중요성이 떨어졌다고 해도 과거에 비해 그렇다는 것일 뿐이다. 수평분업이 진행되고 상호의존도가 깊어진 만큼, 상대에게 상처를 주려는 행동을 하면 그 아픔이 부메랑처럼 자기에게 돌아오게 된다.

일본의 수출규제 강화는 한국 반도체산업에 큰 타격을 주지 못하고 도리어 일본 소재업체에 악영향을 끼쳤다. 또 한국의 일본제품 불매운동은 일본 관광업계만이 아니라 한국 항공사나 여행사에도 커다란 타격을 입혔다.

한일 양국의 상대국에 대한 감정이 좋지 않다 하더라도 경제는 별도 논리로 움직이고 있다. 게다가 한국 기업과 일본 기업의 경우, 상대국과의 무역이나 투자를 넘어 비즈니스 연계가 증가세에 있다. 예를 들면 삼성전자의 베트남 공장에 일본 기업이 부품을 납품하고 그 완성품을 미국이나 중국에 수출하는 데에도 일본 기업이 관여한다.

2010년 무렵부터는 제3국에서의 에너지·자원 개발이나 인프라 정비에서 한일 협력이 눈에 띄고 있다. 특히 주목되는 것은 액화천연가스(LNG)의 개발 프로젝트다. 영국 BP사가 펴내는《세계 에너지 통계》에 의하면, 2018년 일본의 LNG 수입량은 1130억 세제곱미터로 세계 1위이고 735억 세제곱미터의 중국과 602억 세제곱미터의 한국이 뒤를 따른다.

유럽의 가스 수입은 파이프라인을 경유하기 때문에, 탱크로 운반하는 LNG는 한중일 3국이 세계 수요의 60%를 차지한다. 그럼에도 계약상 문제가 있어서 동아시아로 향하는 LNG에는 '아시아 프리미엄'이라고 불리는 더 높은 가격이 설정되고 있다.

후쿠시마 원전 사고 때문에 화력발전 비중이 높아진 일본에게 온실효과가스 배출이 적은 LNG를 저렴하게 안정적으로 조달하는 일은 중요하다. 더욱이 '아시아 프리미엄'을 조금이라도 해소할 수 있다면, 한중일 모두에게 이익이 된다. 그리고 마침 알맞게도 한국과 일본에서는 LNG 수요의 계절적인 기복이 보완관계를 이룬다. 일본에서는 냉방을 위해 여름철에 수요가 가장 높은 반면 한국은 난방 수요로 겨울철이 가장 높다. 한일의 수요를 합하면 수입량을 일정하게 유지할 수 있기 때문에 구매력이 높아지고 수송 비용도 절감할 수 있다.

2018년에는 미쓰비시상사와 닛키(닛키홀딩스)가 한국가스공사 등과 합작으로 캐나다 서부의 대형 LNG 플랜트에 출자하기로 결정했다. 투자 총액 1조 5000억 엔이라는 대규모 프로젝트다.

일한경제협회에 의하면, 제3국에서의 한일합작 프로젝트는 2007년 이래 100건 가까이 성사되었다고 한다. 협회는 "비즈니스는 비즈니스의 논리로 움직인다. 정치는 방해하지 말았으면 좋겠다"라고 한다.

외국인 노동자를 어떻게 받아들여 갈 것인가라든가 고령자 돌봄 문제 같은 저출생과 고령화에 따른 사회적 과제도 한국과 일본은 공유한다. 이제까지는 선행하는 일본을 한국이 연구대상으로 삼아왔지만, 이제 저출생과 고령화는 한국이 일본보다 빠른 속도로 진행된다. 다른 사회 문제에서도 한국 쪽이 미국이나 유럽의 선진 사례를 적극 도입해

시행착오를 거치는 일들이 많아져서 일본이 한국의 사례
에서 배울 수 있게 되었다.

성공이든 실패든 가까운 이웃의 사례를 참고하는 것은
자기 이익이 된다. 서로 상대의 존재를 이용할 수 있다는
한일 양국의 '공통이익'은 크다고 할 수 있다.

한국과 일본의 본질적인 차이

한국과 일본은 각기 미국의 동맹국이지만, '미일안보조약'
과 '한미상호방위조약'은 기본적으로 그 의미와 내용이 다
르다. 미일안보조약은 6조에 "극동에 있어서 국제평화 및
안전의 유지"라는 목적이 포함되어 있는 것처럼, 아시아·
태평양지역의 안정적인 질서 유지라는 미국의 세계전략
속에 편입되어 있다. 냉전 종결 후에 일어난 중국의 군사적
대두에 대응하는 것을 목적으로 1997년과 2015년에 미일
방위협력을 위한 지침('가이드라인')이 개정된 것은 미일동
맹의 그러한 성격을 반영한 것이다.

한편 한미동맹은 북한의 위협에 대처하기 위한 국지적

인 동맹이다. 부시(아들) 정권하에서 주한미군 부대를 중동 분쟁지역 등에 투입할 수 있게 하는 '전략적 유연성'이라는 개념이 도입되었지만 주한미군의 기본적인 성격이 북한에 대한 대처인 점은 변하지 않았다.

그리고 한국과 일본의 결정적 차이는 중국에 대한 인식일 것이다. 중국에 대한 한국의 인식은 이 책의 주된 테마가 아니기 때문에 별로 다루지 않았지만 중국을 경쟁자로 보는 시각을 한국에서 보기는 어렵다. 한국에는 중국을 '위협'으로 보는 시각은 있는데 중국에 '대항'하려는 생각은 잘 보이지 않는다.

중국 측도 그것을 알고 있다는 듯 한국에 대해서는 극히 오만한 태도를 취할 때가 있다. 사드 배치 문제로 박근혜 정권이 고뇌하던 2014년 11월에는 중국의 추궈홍(邱國洪) 주한 대사가 한국 국회의원들과의 간담회에서 미사일에 부수한 고성능 레이더를 문제시하며 "명확하게 반대한다. 한중관계에 악영향을 줄 것"이라고 경고했다. 나는 깜짝 놀랐다. 도쿄에서 중국 대사가 같은 말을 했다면 분명한 내정간섭으로 받아들여져서 큰일이 될 것이었기 때문이다.

간담회에 출석한 한 의원에게 "대사의 발언에 놀랐는가"

라고 묻자, 그는 "중국 입장은 이미 알고 있었다"라고 담담하게 말한 다음, "한국의 외교안보는 한미동맹이 기반이다. 그렇지만 한중관계를 악화시킬 수 있는 군사행동을 한국이 취했을 때 중국과의 우호관계를 유지할 수 있겠는가 하는 우려도 있다. 큰 고민거리다"라고 대답했다.

북한이 핵·미사일 개발을 급속하게 진전시킨 것에 대한 대응책으로 박 정권이 결국 사드 배치 요구를 받아들이겠다고 결정하자 중국은 대규모 경제제재로 대응했다. 문재인 정권이 들어서고 나서 어느 정도 관계 개선을 꾀했지만 중국의 경제제재는 아직 완전히 풀리진 않은 상태다. 문 정권이 아주 열심히 대중관계 개선을 추진했다고 하긴 힘들지만 어쨌든 그 밑바닥에 깔린 대중인식은 일본에 대한 그것과는 확실히 다르다.

고대부터 초대국이었던 중국, 육지로 이어지는 한반도에 위치한 한국, 바다로 떨어져 있는 일본의 역사적 경험은 다르다. 유교의 수용을 보더라도 주자학을 근본으로 삼아 나라를 만든 한국과 표면적인 이해에 그쳤던 일본의 차이는 크다.

문화인류학자인 이토 아비토 도쿄대학 명예교수는 저서

《일본사회의 주연성》에서 중화문명의 일부인 한국 사회에는 "유교사회 문인들의 이념 중시 내지 관념주의적인 지적 전통"이 지금도 남아 있는 반면 "일본에서는 추상적인 개념에 의한 논리적 사고와 체계성·일관성에 관해 그것이 지나치다는 의견이 나오고 그 폐해가 지적되면서 사회 전반적으로는 부정적이었다"라고 지적한다.

그리고 "동아시아의 지정학적인 조건에 더해서 역사민족학적으로 보아도 반도 사회와 열도 사회 간의 차이는 그들이 놓인 조건 이상으로 컸다는 것이 분명하다. 오늘날에도 (한국과 일본 사이에는) 여전히 사회구조나 문화전통 면에서 겉으로 보는 것보다 큰 차이가 있다"고 지적한다.

이토의 지적은 처음 한국을 여행한 이래 30여 년이 되는 내게는 이해하는 데 무리가 없다. 한국인과 일본인은 얼굴이나 체형이 닮았고 언어도 닮은 구석이 많으며 생활문화에서도 유사점을 찾기 어렵지 않다. 상대 국가에서 친구를 사귀는 것도 다른 나라보다 훨씬 쉽다. 하지만 더 깊숙한 사회심리를 들여다보면 큰 차이가 있다는 것을 나는 느껴왔다.

일본과 한국은 각기 다른 역사를 갖는 나라이며, 현재의 국제사회에서 차지하려고 하는 입장이나 이해관계도 다르다. 억지로 일치시키는 것은 어렵기도 하거니와 필요하지도 않다. 처음부터 '다름'을 전제로 생각하면 이상한 기대를 가졌다가 배신당하는 일도 없을 것이다. 이웃나라라서 사이좋게 지내야 한다는 법은 없다. 다만 상대가 싫다고 이사 갈 수도 없고, 다투자니 서로 불필요한 힘을 쓰게 된다. 그러니 적절한 거리를 둔 채 잘 지내려고 하는 수밖에 없다. 게다가 개인의 사귐과 국가 간 외교는 완전히 별개의 일이다.

한국과 일본이 서로를 받아들이는 바람직한 방식은 결국 이 언저리에서 수렴될 것이다.

'한국인은 편해서 좋겠네. 그냥 피해자라고만 하면 끝이 잖아.'

일본에서 대학을 휴학하고 서울에서 한국어를 배우고 있던 30년 전, 가끔 이렇게 생각했다. 한국인 친구와 역사 이야기를 할 때가 있었는데, 그때마다 '가해자로서의 일본' 을 생각하게 되었기 때문이다. 내가 직접 책임을 질 일도 아니고, 내 집안을 거슬러 올라가봐도 서민밖에 안 보인다. 일본의 아시아 침략에 책임이 있는 사람들과는 어떻게 보더라도 접점을 찾지 못한다. 그럼에도 일본인이라는 이유만으로 무언가 추궁당하는 느낌이 있었다.

한편 나는 일본인이라는 혜택 받은 입장을 누리고도 있었다. 나는 1967년에 태어났다. 내 아버지는 중학생 때 아버지(내 할아버지)를 여의었고 중학교 졸업과 동시에 취직해 야간 공업고등학교를 다니면서 고생했는데, 내게는 교육을 충분히 받게 해주었다. 고도경제성장 속에서 일본이 풍부함을 실감하게 되어가던 시대에 자란 나는 풍요함과 평화를 당연한 것으로 받아들였다.

내가 한국어를 공부한 이유는, 대학 3학년(1988) 여름방학에 어쩌다 한국을 여행하면서 '일본과 닮았지만 다른' 이웃나라에 관심을 가졌기 때문이다. 일본이 한국을 식민지배한 역사는 알고 있었지만 특별히 관심을 갖는 일은 아니었다.

마침 '버블경제'의 절정기였기 때문에 그런 엉성한 이유로 어학연수를 해도 이상하게 여겨지지는 않았다. 그러나 그 당시 한국은 아직 가난했고, 북한과의 군사적 긴장감은 매우 높았다. 한국 친구들은 일본의 풍요로움도 부러워했지만 일본에 병역의무가 없는 점을 더 부러워했다. 그리고 일본인이라는 것에 안도하는 내가 있었다. 한국을 마주하는 나의 감정은 때에 따라 크게 흔들렸다.

그 후 대학을 졸업하고 신문기자가 되었다. 신출내기 시절에는 한국과 멀리 떨어져 있었고, 기자로서 한반도 관련 일을 보기 시작한 1990년대 말에는 '위안부' 문제를 둘러싼 외교적 마찰도 일단 진정되어 있었다.

1999년 가을에 서울 특파원이 된 나는 사상 첫 남북정상회담이나 한일 공동개최 월드컵 등을 취재하느라 분주했다. 일본의 역사교과서나 고이즈미 준이치로(小泉純一郎) 총리의 '야스쿠니' 신사 참배가 외교 문제가 될 때도 있었지만 김대중 정권하에서는 심각한 문제가 되지 않았다. 어느새 나는 학생 시절의 내적 갈등을 잊어갔다.

무언가 이상하게 되어간다고 처음 느낀 건 2012년 5월에 한국 대법원이 강제징용 소송에서 종래의 사법판단을 뒤집는 판결을 내렸던 무렵이었던 것 같다. 나는 그 1년 전에 다시 서울에서 특파원 생활을 시작했었다. 대법원은 원고인 강제징용 피해자들의 패소였던 고등법원 판결을 파기하고 심리를 다시 하라고 돌려보냈는데 결국 2018년 10월 원고 승소가 확정되었다. 한일관계는 단번에 위기 국면을 맞이했다.

내게 한국이나 한일관계는 직업적인 관찰 대상이라 감

정이입해 일희일비하지 않아야 한다. 그럼에도 학생 시절의 갈등이 다시 떠올랐다. 30년 전과 비교하면 많은 것을 알기 때문에 한국의 사고방식이랄까, 일본의 상식으로는 이해하기 어려운 언동으로 연결되는 '구조'를 나름대로 이해하고 있었다. 다만 이해하고 설명할 수 있는 것과 공감하는 것은 별개다. 조바심이 날 때가 많아졌다.

5장에서 언급한 '감정온도'로 생각해보자. '중립'을 50으로 놓고, '좋다'면 51부터 100 사이에서, '싫다'면 0에서 49 사이에서 어느 수치일까를 나타내는 것이다. 나는 냉전 종결 후에 변모한 한국 사회의 대외인식을 설명한 2006년의 저서《'탈일'하는 한국('脱日'する韓国)》후기에서 "100점 만점에 50점을 경계로 '좋다', '싫다'를 나눈다면 65점 정도"라고 쓴 바 있다. 그땐 '감정온도'라는 개념을 잘 몰랐지만 65도였던 셈이다. 냉전 종결 후의 변화를 인식하면서도 거기에 '조바심'이라고 할 만한 감정은 없었다.

첫 번째 서울 근무를 2004년에 마친 나는 이듬해부터 제네바 특파원이 되어서 4년 정도 한반도 취재에서 멀어졌다. 그리고 2009년 가을에 귀국해보니, 일본에서는 2차 한류 붐이 시작되려 하고 있었다. 여대 교수가 된 친구에게

"학생들이 소녀시대 춤을 추고 있다"라는 말을 듣고 놀랐던 것도 이 무렵이다. 경제계에서도 한국 기업을 칭찬하고 있었다. 다만 나 자신의 감정온도계 바늘이 올라가거나 내려가거나 하는 일은 없었다.

내 감정온도계가 격하게 흔들린 것은 2011년 봄부터 다시 시작한 4년간의 서울 근무 때였다. 2011년 8월에 한국 헌법재판소는 '위안부' 문제에 관해 한국 정부가 외교 노력을 하고 있지 않다는 '부작위'가 위헌이라고 판단했고, 12월에는 서울의 일본대사관 앞에 소녀상이 세워졌다.

이듬해인 2012년 8월에는 이명박 대통령이 독도를 방문했고, 거기다 "국제사회에서 일본의 영향력도 옛날 같지 않다"는 말을 하고 일본 천황의 사죄를 요구하는 듯한 발언도 했다. 한국 대통령의 독도 방문과 발언들이 큰 뉴스이긴 했지만 이 정도로 내 감정온도계가 크게 흔들리진 않았다.

이명박 대통령의 언동과 별개로, '위안부'나 강제징용 피해자 같은 사람들이 과거의 고통스러운 기억에 대해 목소리를 내고 싶어하는 심정은 이해가 된다. 1965년 한일기본조약으로 법적으로는 해결되었다고 할 수밖에 없더라도 그분들의 심정을 헤아리는 것은 최소한의 예의일 것이다.

전쟁 때는 일본인들도 힘들었다는 반론을 일본에서 들을 때가 있는데 지배자인 일본인이 일으킨 전쟁에 휘말려든 한국인들을 같은 입장으로 다루기에는 무리가 있다. 당시 일본은 '내선일체'라는 슬로건을 내세우고 있었지만 조선에 대해서는 대일본제국헌법을 적용하지 않고 제국의회의 참정권도 주지 않았다.

내가 정신적으로 힘들어한 것은 이런 문제와 관련해 한국에서 나오는 무책임한 언동이었다. 피해 당사자들의 말이 아니라 지원 단체를 포함한 다른 사람들이 문제였다. 일일이 기사를 쓸 만한 것도 아니었지만 한국 정부나 정치계의 인사가 하는 말이나 언론 보도는 일본의 사정이나 생각, 때로는 사실관계조차 무시한 독선적인 말로 넘쳐났다. 명백한 사실 오인이나 일방적인 나무람도 적지 않았다.

한국 사회에서는 '올바름'으로 상대를 압도하기 위한 논리 구축을 의미하는 '논리 개발'이 무엇보다도 우선시된다. 그런 사회 분위기를 알고 있으면서도 그러한 습관이 없는 일본 사회에서 태어나고 자란 나는 숨이 막히는 느낌을 갖지 않을 수가 없었다.

불편한 사실로부터는 눈을 돌리는 것과 같은 한국의 태

도는 나로서는 받아들이기 어려웠다. 게다가 최근에는 일본에서마저 불편한 사실은 안 보려고 하는 자세가 눈에 띈다. '반일' 또는 '혐한'이라고 불리는 사람들뿐만 아니라 그런 사람들을 비판하는 쪽에서도 그런 태도를 볼 때가 있다. 그런 상황의 한복판에 놓인 나는 혼란스러웠고 감정온도계의 바늘은 거의 바닥으로 내려갔다.

마침내 나는 2014년 3월 5일자 《마이니치신문》 조간의 칼럼 '기자의 눈'에서 그런 생각을 내뱉었다. "한국에서 취재하면서 '지겹다'고 느끼는 때가 많아졌다"는 문장으로 글을 쓰기 시작했다. '지겹다'의 대상은 한국 자체가 아니라 '한일관계의 취재'였는데, 감정온도계 바늘은 30도까지 떨어졌을지도 모른다. 2015년 봄에 귀국했을 때의 심경은 취재 현장을 떠난다는 쓸쓸함과 정신적인 압박감에서 도망친다는 안도감이 교차하는 것이었다.

일단 한국을 떠났다는 것으로 나의 감정온도계는 다시 안정을 되찾은 것 같았다. 2015년 1월과 2017년 5월에 한국 사회의 현황에 관한 책을 펴냈는데 일본전문가인 한국 친구로부터 후자의 독후감으로서 "재작년 책과 비교하면 부드러워졌다"는 평을 듣고 충격을 받았다. 분명 그럴지도 모르겠다 싶었다. 감정온도계 바늘이 조금 제자리로 되돌아간 느낌이랄까, 숫자를 특정하기는 어렵지만 애써 말하자면 최근에는 45도에서 55도 사이를 왔다 갔다 하는 것 같다.

그리고 귀국한 나는 일본에서 고조된 격한 한국 비판에 당황했다. 내가 알던 '일본'에서는 생각할 수 없었던, '보통 사람들'의 노골적인 적의를 느꼈기 때문이다.

나는 헤이트스피치를 한다든지 배외주의에 빠져서는 안 된다고 믿는다. 그것은 곧 자기 자신을 깎아내리는 행위다. 그러나 동시에 한국이 도리에 어긋난 언행을 한다고 느끼는 일본 사람이 적지 않다는 것도 당연하다고 본다.

많은 일본인에게 최근의 한국은 '이해하기 어려운' 존재가 되었다. 한편 정치와 무관한 문화의 세계에서 한국은 '선망'의 대상까지 되어 있다. 그러한 일본의 상황도 흥미롭다. 일본이라는 하나의 영역 안에 서로 간섭하지 않는 두 세계가 존재하는 것 같다.

특히 전자, 즉 한국 혐오의 세계에 사는 사람들의 눈에 후자는 안 보이거나 이해불능으로 보인다. 또는 '아무것도 모르는 불쌍한 젊은 애들'이라고 멸시한다. 그쪽의 사람들과 마주보는 일도 없이.

이 책은 그러한 '이상함'에 관해서 생각해본 것이다. 자신이 무엇에 초조해하고 있는지, 배경에 무엇이 있는지를 이해한다면, 추악한 감정 폭발은 피할 수 있을 것이다. 일본 독자들이 "한국에 양보해야 한다고 생각하지는 않지만 현재 상황이 왜 생겼는지는 알았다"라고 말해준다면 그것으로 충분하다고 생각한다.

이 책은 이제까지 30년간 일본과 한국을 중심으로 많은 사람들과 나눈 대화나 의견교환을 기본으로 하고 있다. 양국의 정치인, 정부관계자, 연구자, 경제인, 시민운동가 등 많은 분들의 이야기를 들은 것은 너무나 귀중한 재산이다.

취재에 협력하고 지원해준 모든 분들에게 감사하고 싶다. 특히 일본의 배외주의에 관한 조사 데이터를 와세다대학의 히구치 나오토 교수로부터 제공받을 수 있어서 일본 사회 움직임에 관해서 모자란 점을 보충하는 데에 큰 도움이 되었다. 데이터의 해석 등 부적절한 부분이 있다면 모두 나의 부족함에 의한 것이다.

저자 사와다 가쓰미는 한국을 매우 잘 아는 일본의 저널리스트다. 일본 최고 수준의 한반도 문제 전문가이기도 하다. 한국에서 유학 생활을 하고 일본의 유력 전국지인《마이니치신문》에서 서울 특파원으로 장기간 근무하면서 한국에서 깊고 넓은 지식과 인맥을 쌓았으며 한국에 깊은 애정을 갖고 있다.

　한일 간의 오랜 반목과 갈등을 '반일'로 수렴해 고찰한 이 책의 시각은 콜럼버스의 달걀처럼 신선하다. 한국에서 '반일'의 논리와 정서는 공기처럼 당연하다. 그러나 이 책을 읽으면서 역사학을 전공한 나 자신이, 그 논리와 정서를 역사학자답게, 냉철하게 생각해본 적이 많지 않았다는 자각을 하게 되었다. 새삼 '한국의 반일'이라는 역사적·사회적 현상의 본질은 무엇일까를 생각하는 계기가 되었다. '일본을 반대한다'는 의미의 '반일'은 냉전체제의 해체 등 국제사회의 변화와 한국 사회의 성장에 따라서 그 의미가 변화해왔다. 저자의 시선을 좇아가다 보면 그 변화의 과정과 배경에 초점을 맞추어서 정말 잘 정리했다고 생각하게 된다. 한국에서도 '반일'의 의미와 내용이 시대에 따라 변해왔다는 사실을 좀 더 냉철하게 분석해보아야 하지 않을까.

'반일'과 '혐한'은 각각 자국 내에서 시한폭탄처럼 민감하고 위험하기 때문에 이 문제에 접근하는 것은 조심스럽지 않을 수가 없다. 이 책은 그런 위험을 무릅쓰고 시한폭탄의 기폭장치를 건드릴 듯 말 듯 '반일' 문제의 본질에 다가서고 있다. 한국 독자들이 이 책을 어떻게 이해하고 받아들일지 매우 궁금하다. 이 책을 계기로 장차 폭발을 각오하고 좀 더 본격적인 '반일' 담론이 이루어지길 기대한다.

정태섭

역자 후기

국방부, 〈국방예산 추이〉. https://www.mnd.go.kr/mbshome/mbs/mnd/
    subview.jsp?id=mnd_010401020000 (접속일 2019년 11월 16일)
문재인, 《대한민국이 묻는다―완전히 새로운 나라 문재인이 답하다》, 문형렬
    편, 21세기북스, 2017.
문재인, 〈쾨르버재단 초청 연설〉, 2017.
문재인, 〈광복절 경축사〉, 2019.
문화체육관광부, 《2015 콘텐츠산업통계》. http://www.kocca.kr/cop/bbs/
    view/B0158948/1829842.do (접속일 2019년 10월 24일)
문화체육관광부, 《2018 콘텐츠산업 통계조사》. http://www.kocca.kr/
    cop/bbs/view/B0158948/1840547.do (접속일 2019년 10월 24일)
박근혜, 〈제18대 대통령 취임사〉, 2013.
박유하, 《누가 일본을 왜곡하는가》, 사회평론, 2000.
박정희, 〈제5대 대통령 취임사〉, 1963.
박정희, 〈제8대 대통령 취임사〉, 1972.

서울대학교 통일평화연구원,《2018 통일의식조사》, 2019. http://tongil.snu. ac.kr/xe/sub410/115103 (접속일 2019년 11월 11일)

이영훈 외,《반일 종족주의: 대한민국 위기의 근원》, 미래사, 2019.

전두환,〈신년사〉, 1981.

통계청,〈2019년 장래인구특별추계를 반영한 세계와 한국의 인구현황 및 전망〉, 2019.

통일부,《문재인의 한반도정책: 평화와 번영의 한반도》, 2017.

한국콘텐츠진흥원,〈콘텐츠산업 지역별 수출현황(2005~2009)〉, 2011. http://www.kocca.kr/cop/bbs/view/B0158948/1320481.do (접속일 2019년 10월 24일)

한국콘텐츠진흥원,〈콘텐츠산업 지역별 연도별 수출액 규모(2009년~2011년)〉, 2013. http://www.kocca.kr/cop/bbs/view/B0158948/1809610.do (접속일 2019년 10월 24일)

한국콘텐츠진흥원 일본 비즈니스센터,〈일본 신한류 팬의 트렌드-10, 20대의 한류 콘텐츠 소비〉,《일본 콘텐츠 산업 동향》2018년 14호, 2018. http://www.kocca.kr/cop/bbs/view/B0158950/1837295.do (접속일 2019년 10월 24일)

한·일 일본군위안부 피해자 문제 합의 검토 태스크포스,《한·일 일본군위안부 피해자 문제 합의〔2015.12.28.〕검토 결과 보고서》, 2017.

언론 매체: 경향신문, 동아일보, 매일경제신문, 문화일보, 연합뉴스, 조선일보, 중앙일보, 한겨레신문, 한국경제신문, 조선중앙통신.

安倍誠編,《低成長時代を迎えた韓国》, アジア経済研究所, 2017.

飯塚みちか,〈日本の10代女子に〈韓国〉がこんなにウケてる〈本当のワケ〉〉,《現代ビジネス》. https://gendai.ismedia.jp/articles/-/67645 (접속일 2019년 10월 26일)

伊藤亜人,《日本社会の周縁性》, 青灯社, 2019.

참고문헌

任文桓,《日本帝国と大韓民国に仕えた官僚の回想》, 草思社, 2011(1975年の同成社《愛と民族》の復刻).

李栄薫編著,《反日種族主義—日韓危機の根源》, 文藝春秋社, 2019.

運輸省,《運輸白書 昭和42年版》, 1967.

ヴィクター・D・チャ,《米日韓 反目を超えた提携》, 有斐閣, 2003, 船橋洋一監訳, 倉田秀也訳.

NHK,〈紅白歌戦〉. https://www.nhk.or.jp/kouhaku/index.html (접속일 2019년 11월 10일)

大岡越平,〈《自由韓国》を守る〉,《中央公論》, 1962年1月号.

太田修,《[新装新版]日韓交渉 請求権問題の研究》, クレイン, 2015.

小此木政夫,《朝鮮分断の起源—独立と統一の相克》, 慶應義塾大学法学研究会, 2018. (류상영 외 옮김,《한반도 분단의 기원》, 나남, 2019)

外務省,《日韓諸条約について》, 1965.

金永煥,《韓国民主化から北朝鮮民主化へ—ある韓国人革命家の告白》, 新幹社, 2017, 馬哲訳, 石丸次郎監修.

木村幹,〈韓国は, 日本の対韓感情が大きく悪化したことをわかっていない〉,《Newsweek》日本版オンライン, 2019. https://www.newsweekjapan.jp/kankimura/2019/10/post-6.php (접속일 2019년 11월 2일)

木村幹,《高宗・閔妃—然らば致し方なし》, ミネルヴァ書房, 2007.

木村幹,《日韓歴史認識問題とは何か—歴史教科書・〈慰安婦〉・ポピュリズム》, ミネルヴァ書房, 2014. (김세덕 옮김,《한일 역사인식 문제의 메커니즘》, 제이앤씨, 2019)

木村光彦,《日本統治下の朝鮮—統計と実証研究は何を語るか》, 中公新書, 2018.

グレゴリー・ヘンダーソン,《朝鮮の政治社会—渦巻型構造の分析》, サイマル出版会, 1973, 鈴木沙雄・大塚喬重訳.

クローズアップ現代+,〈なぜ起きた? 弁護士への大量懲戒請求〉, 2018年10月29日. https://www.nhk.or.jp/gendai/articles/4200/index.html

（접속일 2019년 11월 10일）

澤田克己,《韓国〈反日〉の真相》, 文春新書, 2015.

澤田克己,《〈脱日〉する韓国》, ユビキタ・スタジオ, 2006.

澤田克己,《韓国新大統領 文在寅とは何者か》, 祥伝社, 2017.

高崎宗司,《検証 日韓会談》, 岩波新書, 1996. (김영진 옮김,《검증 한일회담》, 청수서원, 1998)

外村大,《朝鮮人強制連行》, 岩波新書, 2012.

朴裕河,《反日ナショナリズムを超えて—韓国人の反日感情を読み解く》, 安宇植訳, 河出書房新社, 2005.

韓成一,〈日本の対韓国自動車部品貿易の赤字転換と九州自動車産業への影響〉,《東アジアへの視点》, 2015年12月号.

樋口直人,《日本型排外主義—在特会・外国人参政権・東アジア地政学》, 名古屋大学出版会, 2014. (김영숙 옮김,《폭주하는 일본의 극우주의: 재특회, 왜 재일 코리안을 배척하는가》, 미래를소유한사람들, 2015)

樋口直人〈排外主義への社会学的アプローチ—社会学的説明の検討と日本への示唆〉,《エモーション・スタデイーズ》, 第4巻Si号, 日本感情心理学会, 2019.

防衛研究所,《東アジア戦略概観 2001》, 2001.

防衛研究所,《東アジア戦略概観 2004》, 2004.

山本晴太, 川上詩朗, 殷勇基, 張界満, 金昌浩, 青木有加,《徴用工裁判と日韓請求権協定—韓国大法院判決を読み解く》, 現代人文社, 2019.

吉川良三,〈日本企業はなぜサムスンに負け続けるのか〉,《文藝春秋》, 2010年2月号, 文藝春秋社, 2010.

毎日新聞, 朝日新聞, 読売新聞, 日本経済新聞, 産経新聞, 共同通信, 日経TRNDY, PRtimes.

BP, "BP Statistical Review of World Energy 2019".

참고문헌

Institute of Foreign Affairs and National Security of the Korea National Dipomatic Academy, "Vision 2040 Report, Unified Korea as a Global Leader", July 2014.

Interbrand, "Best Global Brands 2012". https://www.rankingthebrands. com/PDF/Interbrand%20Best%20Global%20Brands%202012.pdf (접속일 2019년 11월 10일)

Interbrand, "Best Global Brands 2019". https://www.interbrand.com/ best-brands/best-global-brands/2019/ranking/#?listFormat=ls (접속일 2019년 11월 10일)

Keith Caulfield, "BTS Scores Third No.1 Album on Billboard 200 Chart With 'Map of the Soul: Persona'", Billboard Chart Beat, 2019.

Korea Herald, Nikkei Asian Review.

한국과 일본은 왜?

반일과 혐한의 평행선에서, 일본인 서울 특파원의 한일관계 리포트

1판 1쇄 2020년 11월 9일

지은이 | 사와다 가쓰미
옮긴이 | 정태섭

펴낸이 | 류종필
편집 | 이정우, 정큰별
마케팅 | 김연일, 김유리
표지 디자인 | 박미정
본문 디자인 | 박애영
교정교열 | 김현대

펴낸곳 | (주) 도서출판 책과함께
　　　　주소 (04022) 서울시 마포구 동교로 70 소와소빌딩 2층
　　　　전화 (02) 335-1982
　　　　팩스 (02) 335-1316
　　　　전자우편 prpub@hanmail.net
　　　　블로그 blog.naver.com/prpub
　　　　등록 2003년 4월 3일 제25100-2003-392호

ISBN 979-11-88990-95-5　03300